G. Spin

MW01614089

MARIONNETTES ET POUPÉES ANIMÉES

ÉDITIONS DE VECCHI S.A.
52, rue Montmartre
75002 PARIS

Malgré l'attention portée à la rédaction de cet ouvrage, l'auteur ou son éditeur ne peuvent assumer une quelconque responsabilité du fait des informations proposées (formules, recettes, techniques, etc.) dans le texte.
Il est conseillé, selon les problèmes spécifiques – et souvent uniques – de chaque lecteur, de prendre l'avis de personnes qualifiées pour obtenir les renseignements les plus complets, les plus précis et les plus actuels possible.

Nous remercions pour leur aimable collaboration :
A. Strada, B. Poieri, E. Guerini, C. Leani

Photos de M. Giberti

Dessins de M. Ameli

Traduction de Nelly Turrini

© 2001 Éditions De Vecchi S.A. - Paris
Imprimé en Italie

La loi du 11 mars 1957 n'autorisant, aux termes des alinéas 2 et 3 de l'article 41, d'une part, que les « copies ou reproductions strictement réservées à l'usage privé du copiste et non destinées à une utilisation collective » et, d'autre part, que les analyses et les courtes citations dans un but d'exemple et d'illustration, « toute représentation ou reproduction intégrale, ou partielle, faite sans le consentement de l'auteur ou de ses ayants droit ou ayants cause est illicite » (alinéa 1er de l'article 40).
Cette représentation ou reproduction, par quelque procédé que ce soit, constituerait donc une contrefaçon sanctionnée par les articles 425 et suivants du Code pénal.

Avant-propos

Dans le cadre de cet ouvrage, nous avons pris les termes « marionnette » et « pantin ou personnage animé » dans leur sens le plus large et nous avons choisi de vous proposer des réalisations, exécutées très simplement avec le matériel le plus humble, par exemple des gants dépareillés, de vieilles chaussettes ou des bouchons en liège. Bien entendu, nous n'avons pas oublié les plus classiques pâte à papier et plâtre.

En fait, ce choix nous a semblé découler tout naturellement de l'histoire des marionnettes. En effet, dans le passé, les compagnies de montreurs de marionnettes en tournée fabriquaient leurs personnages avec du matériel recueilli au cours du voyage et, entre leurs mains habiles, naissaient des objets pleins de charme, confectionnés avec « trois fois rien ». Cette simplicité n'est qu'en apparence contradictoire avec les luxueux brocards qu'arboraient certaines marionnettes d'époque : la plupart du temps, il s'agissait de vêtements sacerdotaux usagés qui étaient offerts en remerciement de représentations données dans les rues ou sur les places.

Mais, au-delà du désir de respecter la tradition, notre volonté d'utiliser du matériel de récupération est liée à deux considérations d'ordre pratique. Tout d'abord, cette approche nouvelle consistant à réutiliser du matériel « bon à jeter » va à l'encontre de nos habitudes quotidiennes de gaspillage. En deuxième lieu, nous sommes convaincus que cette utilisation de matériel à la portée de tous et la simplicité des projets augmenteront le plaisir de fabriquer de ses propres mains des marionnettes et des personnages destinés à l'animation.

Lorsque nous avons sélectionné les personnages que nous souhaitions réaliser, nous avons pensé également aux plus petits qui, sous la conduite attentive d'adultes, pourront eux aussi éprouver la joie de fabriquer et d'expérimenter ces nouveaux objets de divertissement.

LE THÉÂTRE DE MARIONNETTES

Le théâtre de marionnettes est la plus populaire et peut-être la plus ancienne des formes de divertissement. Ses origines sont tellement éloignées dans le temps que l'on n'a même jamais essayé de déterminer le nom de son inventeur ou une région d'origine dans le monde. Chaque culture a élaboré, à sa manière, l'art de donner forme et vie à des personnages, humains, animaux ou surnaturels pour raconter une histoire, une mythologie ou des aventures fantastiques.

UN PEU D'HISTOIRE

Il est difficile de retracer les origines du théâtre de marionnettes, car son corpus n'a jamais, à proprement parler, fait partie de l'histoire académique puisqu'il était établi au fil des représentations par les saltimbanques qui, non seulement présentaient leurs spectacles au public mais exerçaient également des petites activités commerciales (vente d'herbes ou de chiffons, notamment). Les grands de ce monde ne restaient pas indifférents à ce type de spectacle, mais jamais ils ne reconnurent qu'il s'agissait d'une véritable forme d'art. Le théâtre de marionnettes était considéré comme un loisir pour le petit peuple, qui, pour pouvoir assister à ces représentations, offrait des produits de la terre ou de leur propre travail (un œuf, quelques légumes, etc.).
Il serait erroné de considérer que cette forme d'art était réservée aux enfants. Le jeune public, en effet, a constitué une solution de « repli », devenue nécessaire pour la survie de cette forme de théâtre aux environs de la fin du XIXᵉ siècle, lorsque le public adulte a cessé de s'intéresser à ce genre de spectacles.
Au niveau des structures, de l'organisation et du financement, la vie des marionnettistes n'a pas subi de transformations particulièrement significatives au cours des siècles. De tout temps, il s'est toujours agi d'un théâtre pauvre destiné aux moins favorisés. La seule, l'inestimable richesse de cet art était sa créativité (qui s'exprimait dans les costumes, les visages, le répertoire extraordinaire de répliques et de boutades) mais aussi le désir de s'amuser. Au fil du temps, le monde des marionnettistes a eu de nombreux contacts et échanges avec le théâtre traditionnel auquel il a emprunté des masques et des types de personnages (le vieux, la jeune fille, le sot) et auquel, en échange, il a prêté certains de ses personnages les plus réussis.
Si l'histoire nous fournit peu de détails, la géographie, en revanche, nous offre des informations plus précises et les chercheurs ont réussi à déterminer un certain nombre de typologies régionales. Ainsi, selon les régions, les personnages ont une grosse tête et les traits marqués, tandis que d'autres sont plus délicats, avec une tête de dimension réduite. En réalité, on assiste à une fusion continue des caractéristiques et à un échange incessant de types et de particularités diverses. Les personnages, les costumes, les techniques de réalisation, les décors et les trames présentent une réalité très variée cependant extraordinairement statique par rapport au théâtre traditionnel.

LES MASQUES

Arlequin : il porte sur le visage un masque noir qui rappelle l'expression du chat même si, à l'origine, il s'inspirait d'un terrible démon. Il porte un costume à losanges bariolés très caractéristique et il a sur lui un bâton qu'il aime à manier pendant ses disputes.

Brighella : c'est le serviteur astucieux, l'habile orchestrateur des intrigues les plus compliquées. Il porte un vêtement blanc avec des bandes à rayures vertes et son visage est couvert d'un masque noir. En guise de couvre-chef, il porte un petit sachet blanc et vert à pointe.

Le capitaine Matamore : ce personnage porte un habit jaune à rayures rouges et brandit une longue épée. Ce n'est pas un vrai soldat mais un rêveur, un rien fanfaron, qui aime à citer la mythologie, qui se vante de ses exploits que tout le monde tourne en ridicule.

Colombine : petite servante gracieuse et intrigante, enjouée et vive. Elle entretient des relations malicieuses avec les autres personnages et se meut avec aisance parmi les mille histoires amoureuses et les pièges tendus par les malveillants à sa maîtresse, qu'elle sert fidèlement, ou à elle-même.

Le Docteur : c'est un vieux docteur qui, d'une manière plus ou moins avisée, intervient dans toutes les discussions, sur un ton pompeux. Il aime bien les jeunes filles et les petites servantes qu'il fréquente assidûment, en se ridiculisant. Son vêtement est complètement noir et il porte un grand chapeau. Sur son visage pendent de longues moustaches artistiquement retroussées.

Flavio : c'est l'amoureux par excellence, vêtu comme un damoiseau, toujours présenté avec une rose rouge entre les doigts. Il fait rire avec ses phrases d'amour sucrées, répétées aussi bien à l'aimée qu'à toute autre femme qui se trouve dans les parages.

Gianduia : un esprit joyeux et aigu, libéral, d'origine piémontaise. On le reconnaît à son costume caractéristique du XVIIIe siècle : tricorne, frac, gilet, pantalon serré arrivant aux genoux et chaussures à grandes boucles.

Pantalon : c'est un marchand vénitien entre deux âges, perpétuellement en train de poursuivre une jeune donzelle qui le fuit à cause de sa mauvaise réputation. Ce personnage qui parle sans arrêt et uniquement en dialecte est caractérisé par un nez aquilin, un béret noir, des savates, un collant, une veste couleur amarante et un grand manteau noir.

Pierrot : parmi tous ces charlatans et tous ces personnages rusés, Pierrot est le serviteur fidèle, un peu triste, celui qui protège les femmes du maître. Il porte un large costume blanc complété par de grands boutons noirs et un petit couvre-chef. Son visage blanc est orné d'une larme d'une tristesse infinie.

Polichinelle : c'est le personnage napolitain qui incarne la malice. Généralement il est opposé à Arlequin dont il est le complice. Ses vêtements, complètement blancs, sont très larges. La casaque est attachée sous son ventre proéminent et ses pantalons sont tombants. Son nez est pointu et sa voix stupide et stridente.

Punch : c'est la version anglaise de Polichinelle, à la place d'un vêtement blanc il porte un costume chatoyant, enrichi d'une grande bosse. Il partage avec son collègue napolitain l'amour pour la musique, qui est plus vif encore chez lui. On ne le voit quasiment jamais sans un instrument de musique à la main.

GUIGNOL, UNE MARIONNETTE LYONNAISE

Créé au début du XIXe siècle, Guignol est une marionnette très populaire et connaît toujours un grand succès auprès des enfants.
Son créateur, Laurent Mourguet, était « arracheur » de dents et avait installé un castelet avec des marionnettes pour y attirer les patients !
Façonné dans du bois de peuplier, le visage de Guignol est rond et souriant. Il est le plus souvent accompagné de Madelon, son épouse, et Gnafron, un ivrogne goguenard.

Les échanges entre le théâtre de marionnettes et le théâtre de la Commedia dell'arte ont été extrêmement fructueux et un grand nombre de marionnettistes se sont inspirés des masques (voir page 6).

Pour qu'une représentation puisse avoir lieu, il fallait (et cela reste vrai, aujourd'hui encore) installer une « baraque ». Celle-ci était une sorte de boîte avec une grande fenêtre fermée par un rideau, derrière lequel se trouvait une paroi en bois sur laquelle on appliquait les décors. Entre les deux structures, se plaçait le marionnettiste avec ses personnages pendus à une série de crochets. Le marionnettiste restait rigoureusement caché du public, debout, si la baraque était assez haute, ou bien agenouillé. Dans cette position, il montrait les marionnettes, qui apparaissaient à la fenêtre de la baraque, en levant les bras.

Il était très fatigant de garder les bras levés et de faire bouger et changer les marionnettes pendant toute la durée de la représentation. Certains marionnettistes fixaient sous la scène une étagère sur laquelle ils appuyaient leurs coudes. Ils ne pouvaient pas s'y reposer très souvent, car une fixité excessive du coude pouvait conférer à la marionnette un caractère statique qui aurait ennuyé le public. D'autres spectacles de marionnettes nécessitaient une structure plus complexe. En effet, certaines d'entre elles pouvaient uniquement être manipulées par le haut et devaient donc être descendues sur la scène par le marionnettiste qui se dissimulait à un niveau plus élevé que celui du public. L'échafaudage mis en place était assez compliqué à monter, à démonter et à transporter.

LES MARIONNETTES

Les marionnettes sont des personnages composés d'une tête et d'un vêtement. Réalisée avec du matériel différent comme de la pâte à papier, du plâtre ou du bois, la tête est un élément très important sur lequel se focalise l'attention du spectateur. Il s'agit également de la partie du personnage dotée de la plus grande capacité de mouvements et donc la plus expressive. Le vêtement, qui simule le corps, est une tunique, qui couvre le bras du marionnettiste et qui a parfois des manches pour représenter les bras du personnage.

La tête de la marionnette est manœuvrée par la main de l'animateur placée dans une cavité pratiquée à la base de la tête. Il y a deux prises classiques de la marionnette avec les bras : l'index bouge la tête, le pouce et le majeur bougent les bras (comme sur la figure de la page 9). Ou bien l'index et le majeur bougent la tête, l'annulaire et l'auriculaire bougent un bras et le pouce l'autre bras. La tête mue par l'index uniquement est généralement dotée d'une certaine souplesse de mouvement, tandis que celle manœuvrée par l'index et le majeur est moins mobile car la différence de longueur des doigts rend la marionnette moins agile.

Pour manœuvrer le bras, dans les deux cas cités, la prise en pince est très commode pour soulever des objets comme le montre la figure page 9 (un classique, le bâton avec lequel Polichinelle et Arlequin se battent).

La marionnette sans bras, dont le corps est représenté uniquement par un vêtement, est généralement mue par un bâton attaché à la base de la tête : ses mouvements sont alors nécessairement orientés du haut vers le bas ou bien faits d'inclinaison latérale ou de rotation. Dans le passé, les mouvements avec bâton étaient caractéristiques des personnages féminins, car on considérait comme inconvenant… de mettre la main sous les vêtements d'une dame…

LES PERSONNAGES ANIMÉS

Jusqu'à la fin de la Seconde Guerre mondiale, les spectacles de marionnettes et de pantins étaient très appréciés et très attendus dans les rues et sur les places des villages et des villes, grandes ou petites. L'arrivée de la télévision, le boum économique et les transformations socioculturelles rapides qui ont suivi ont marqué le déclin de ces spectacles de rue qui n'ont survécu pendant quelques années que dans la tradition des grandes familles, puis ont été relégués à des représentations expérimentales ou des études sur le folklore.

Avec le temps, toutefois, cette forme d'expression artistique a réussi à se transformer et à s'adapter, conquérant un espace à l'intérieur des nouveaux canaux de communication : en effet, on a vu apparaître des formes hybrides de personnages, manipulés

LES MARIONNETTES À GAINE ET À FILS

L'on distingue les marionnettes « à gaine » et les marionnettes « à fils ». Dans le premier cas, les marionnettes se déplacent sur la scène, soutenues par le bras de l'animateur, et, dans leur version classique, elles montrent uniquement leur buste. Dans le second, les marionnettes apparaissent entièrement et sont manœuvrées par le haut au moyen de fils liés à la tête, aux mains et aux pieds et, dans certains cas, aux articulations.

Les dimensions des marionnettes à fils sont des plus diverses mais elles dépassent souvent cinquante centimètres de hauteur. Leur animation nécessite une grande expérience et beaucoup de pratique car cette technique est très complexe. En outre, les marionnettistes ont une position assez pénible pendant la représentation : courbés vers le bas, les bras soutenant le poids des marionnettes qui peut parfois atteindre quelques kilos. D'autre part, la présence de plusieurs personnes peut être nécessaire et il faut donc coordonner les déplacements des marionnettistes et des marionnettes dans le petit espace disponible.

Parmi les marionnettes les plus célèbres, citons Charlemagne et son armée de chevaliers Francs, éblouissants et courageux, brandissant leur épée et leur bouclier et revêtant des armures brillantes. Dans ce cas, l'art des marionnettistes se manifeste également dans la splendeur de la cuirasse et les variations sur le casque et le bouclier. Ils représentent l'histoire de Roland, héros du cycle légendaire de Charlemagne, dans une variation perpétuelle sur des thèmes classiques. Bien que les marionnettes à fils se déplacent d'une manière moins fluide que les marionnettes à gaine, ces spectacles constituent une manifestation d'art populaire de très haut niveau. En général, le scénario est extrêmement fouillé et ces spectacles sont considérés par les critiques et les chercheurs comme des représentations très semblables au théâtre traditionnel où les acteurs sont remplacés plus ou moins fidèlement par des pantins.

à la main suivant une gamme de techniques extrêmement étendue. Ces personnages ont perdu les caractéristiques qui identifient la marionnette et peuvent apparaître sous les formes les plus diverses : uniquement avec un buste ou avec l'ensemble de la silhouette, manœuvré par une ou plusieurs personnes avec des changements de costumes fréquents. En outre, ils peuvent être réalisés avec le matériel le plus divers, de la mousse à la pâte à papier en passant par la laine et le papier.

L'ANIMATION

Le plaisir de créer des marionnettes et des personnages animés ne se résume pas à la réalisation des personnages et on pourrait même dire que c'est une fois cette phase « artisanale » terminée que tout commence : vous connaîtrez alors la joie de l'expression artistique.

Pour donner vie à une marionnette, il faut quelques notions de mise en scène et beau-coup d'imagination. La seule précaution consiste à éviter de donner au spectacle un caractère statique en veillant à maintenir en permanence le personnage en mouvement, suivant le rythme, parfois lent, parfois soutenu, de la narration. Les protagonistes doivent parler le plus possible. En faisant varier les tons de voix, on caractérise les rôles et on identifie les personnages.

Un truc très ancien mais toujours utile pour s'assurer de la participation du public (même s'il ne s'agit que d'un seul auditeur) est de le faire participer à l'histoire : adressez-vous à ceux qui vous écoutent, posez des questions directes et recherchez la complicité de l'auditoire. L'on peut bâtir toute une représentation sur l'échange de questions et de réponses avec le public. Par exemple, la première marionnette passe rapidement sur la scène en sautillant mais sans rien dire, la deuxième apparaît et demande : « Avez-vous vu Gaspard ? », « Où allait-il ? », « Reviendra-t-il bientôt ? ». Petit à petit, vous construirez une histoire tournant autour de Gaspard et des aventures qui lui seront

attribuées. Veillez à contrôler en permanence l'humeur de votre public : lorsque
vous comprenez que l'histoire est en train
de perdre du rythme, introduisez un coup de
théâtre et reprenez les rênes de la narration
jusqu'à ce que vous ayez l'impression
d'avoir reconquis la sympathie de tous vos
spectateurs.

Les grands marionnettistes, du reste,
n'avaient que des canevas à peine ébauchés
et inventaient au fur et à mesure des dialogues toujours nouveaux, rallongeant ou rac-
courcissant des monologues et des répliques, intégrant des digressions ou des
références à l'actualité.
N'oubliez pas toutefois que pour capter

l'attention du public, l'histoire doit avoir une évolution logique : même si elle est irréelle et fantastique, la trame doit toujours être cohérente et vraisemblable. Une bonne règle de base consiste à conserver les trois unités classiques de lieu, de temps et d'action : les intrigues trop complexes ne conviennent pas au débutant et exigent la présence d'un public attentif et capable. Il vaut donc mieux choisir des histoires simples mais efficaces.

LE THÉÂTRE

Pour organiser à la maison un spectacle de marionnettes, il suffit de faire pendre un drap à une hauteur de 1,50 m du sol : le marionnettiste, éventuellement à genoux, se cache derrière et lève les bras de sorte que les marionnettes soient visibles pour le public. À la maison, on obtiendra un bel effet en plaçant des spots dirigés sur le drap de manière à éclairer de face les marionnettes. Si vous êtes perfectionniste, vous pouvez placer une lumière tombant du haut et une source lumineuse dans le dos du marionnettiste, donnant ainsi de la profondeur à la scène. Pour créer les conditions d'un véritable théâtre, vous pouvez utiliser des ampoules colorées pour recréer la lumière du jour ou de la nuit.

Si, toutefois, vous voulez vous lancer dans la création d'un véritable théâtre de marion-

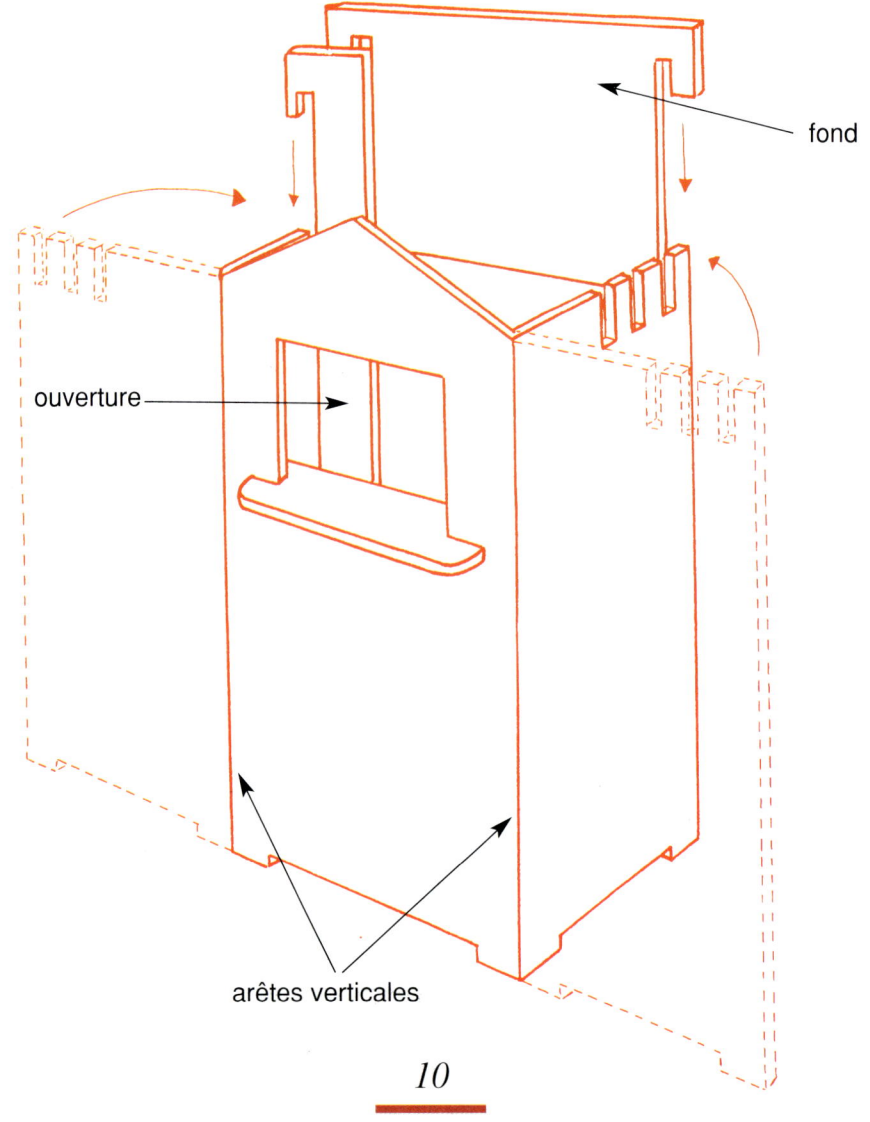

fond

ouverture

arêtes verticales

fond

À l'arrière du théâtre, vous pouvez également appliquer des décors constitués de panneaux de carton sur lesquels vous peindrez, avec des techniques très simples, les scènes nécessaires au déroulement de la narration. Dernier raffinement : un rideau qui vous permettra de changer les décors entre une scène et l'autre.

Toutefois, il n'est pas indispensable de créer un « théâtre » : une simple table peut suffire. Il est possible également d'instaurer un contact direct entre le « marionnettiste » et les spectateurs qui l'entourent.

Étant donné le manque d'espace et la difficulté à coordonner les mouvements, il est préférable qu'il n'y ait pas plus de trois marionnettistes à la fois. Dans ces conditions, on peut animer jusqu'à six personnages mais, pour les débutants surtout, il est préférable de choisir des épisodes impliquant la participation de trois protagonistes au maximum par scène, ce qui les rendra plus faciles à suivre et à exécuter.

DONNER LA PAROLE AUX PLUS PETITS

Les enfants aiment participer à toutes les activités et il est légitime que, dans le cas de la production et de l'utilisation d'objets animés, ils en deviennent des acteurs. Lorsque vous jouez avec les enfants, cédez-leur les marionnettes, laissez-les se familiariser avec elles et commencer à inventer des trames et des mouvements, sans leur imposer de règles ni de limites. Après avoir pris possession de la marionnette ou du pantin, les enfants commenceront immédiatement à lui attribuer une voix, un caractère, une intention. La complexité de la scène, la richesse de la trame variant bien entendu selon l'âge et la personnalité de l'enfant.

Les marionnettes constituent un moyen d'expression très riche et varié qui s'adapte à la personnalité de ceux qui les utilisent, qu'il s'agisse d'enfants ou d'adultes. Les marionnettes sont d'ailleurs souvent utilisées pour des traitements psychopédagogiques et donnent d'excellents résultats. En effet, se concentrant sur le jeu, l'enfant projette sur les objets animés, des sentiments, des situations ou des scènes enregistrées dans sa propre vie, les recomposant selon une optique personnelle et les réinterprétant à la lumière de sa créativité.

nettes, vous pouvez le réaliser chez vous, avec du matériel simple et facile à trouver. Nous vous suggérons de suivre la technique indiquée ci-dessous. Procurez-vous un grand panneau en carton ondulé rigide (par exemple une vieille boîte d'emballage) et en le pliant verticalement, essayez d'obtenir une sorte de paravent derrière lequel se cachera le marionnettiste. Sur la partie avant, celle qui sera tournée vers le public, découpez une ouverture rectangulaire à une hauteur variable selon la taille du marionnettiste. Vous pourrez décorer cette partie comme bon vous semble.

Matériel et accessoires

Pour réaliser les projets présentés dans cet ouvrage, il n'est pas nécessaire de disposer d'un outillage particulier : il suffit de quelques accessoires faciles à trouver, bon marché, en vente partout. Nous vous les présentons ci-dessous.

La colle

Certains objets présentés dans cet ouvrage sont assemblés avec de la colle à prise rapide. Il s'agit d'un adhésif très puissant qui risque de coller la peau et qui est souvent toxique.

Si vous n'êtes pas très habile, nous vous conseillons de porter des gants de travail légers lorsque vous la manipulez. Maintenez-la éloignée de votre bouche et de vos yeux. Moyennant ces quelques précautions élémentaires, elle s'avérera précieuse dans la réalisation des marionnettes.

Si vous disposez de l'outillage nécessaire, vous pouvez également utiliser de la colle à chaud mais sachez que cela nécessite un équipement spécial assez coûteux. Nous vous déconseillons l'utilisation de la colle à deux composants.

Le cutter

Le cutter est doté d'une lame amovible que l'on peut changer lorsqu'elle est usée. Pour travailler en toute sécurité, gardez la lame sèche et propre et rentrez-la dans le cutter lorsque celui-ci n'est pas utilisé.

Changez la lame dès qu'elle perd de son efficacité. Les lames qui coupent mal sont plus dangereuses que celles qui sont bien aiguisées : en effet, elles obligent à des mouvements forcés, ce qui accroît le risque de gestes dangereux.

Les ciseaux

Comme le cutter, les ciseaux doivent avoir des lames toujours propres et sèches. Pour les opérations présentées dans cet ouvrage, préférez des ciseaux à bouts arrondis.

Utilisez des ciseaux différents pour le papier et le tissu. Pour le tissu un peu épais, choisissez des ciseaux à lames courtes et bien aiguisées : vous aurez moins de mal et vous pourrez suivre sans effort les détails des dessins les plus petits.

Les aiguilles et le fil

Pour confectionner les vêtements et certaines parties de plusieurs personnages, nous vous suggérons d'utiliser une aiguille et du fil. Les aiguilles et le fil classiques (à repriser ou à broder) peuvent être remplacés par des aiguilles à laine et de la laine ou de la ficelle. L'aiguille à laine est plus difficile à perdre sur le plan de travail et il est plus facile d'y faire entrer le fil. La laine et la ficelle sont très résistantes et conviennent parfaitement à la réalisation de jeux. Les points restent bien visibles et peuvent faire partie de la décoration.

LE PAPIER CARTONNÉ

Le carton léger le plus approprié est le bristol d'épaisseur moyenne. Coupez-le en suivant les lignes naturelles du papier pour ne pas vous fatiguer inutilement. Stockez-le de préférence à plat ou enroulé, car il n'est pas facile d'effacer les plis.

LES TISSUS

La suédine est le matériel idéal pour les pantins et les marionnettes. En effet, ce tissu est homogène et léger, il ne s'effiloche pas, il est suffisamment compact pour pouvoir être collé et non pas cousu et il est disponible dans différentes couleurs. Le coton est moins résistant et moins commode car il est plus épais que la suédine. La feutrine est aussi très indiquée et on peut la considérer comme équivalant à la suédine. Au moment d'acheter le tissu pour les vêtements des marionnettes indiquez le but dans lequel vous achetez ce tissu : les vendeurs pourront vous conseiller une bonne qualité (par exemple celle qui vous permettra d'éviter de faire des ourlets) et éventuellement vous proposer un coupon à prix modique.
On peut également coller le tissu mais il faudra être très prudent : la colle peut passer à travers la trame du tissu et imprégner d'autres objets.

LES COULEURS

Les finitions colorées doivent être vives et bien visibles, même à une bonne distance.

Pour les surfaces poreuses, nous vous conseillons les peintures à l'eau.
Pour obtenir un rendu parfait, dans certains cas, il est préférable de traiter au préalable le matériel devant être coloré : les vendeurs sauront vous conseiller dans le choix le plus approprié des différents produits disponibles pour ce type d'opération.
Une fois que vous aurez étalé la peinture, il est conseillé d'étaler une couche de vernis transparent de finition qui donnera un aspect plus soigné à votre travail.
Sur les surfaces non poreuses, on préférera les peintures acryliques. Dans ce cas, prêtez une attention particulière aux avertissements et aux contre-indications mentionnés par le fabricant.
Quoi qu'il en soit, il sera très utile de disposer de différents pinceaux : disponibles dans toute une gamme de dimensions, vous pourrez choisir des pointes de grandeurs différentes.

LE RUBAN ADHÉSIF SIMPLE ET DOUBLE FACE

Dans le commerce, vous trouverez différents types de ruban adhésif. Le plus courant, pour colis, est le plus utilisé car sa prise est très forte.
Le ruban adhésif à papier a une bonne tenue et il est facile à retirer, par ailleurs il présente l'avantage d'être translucide et de bien adhérer. En outre, il est moins visible que l'adhésif courant.
Le ruban double face existe en 2 versions : dans la plus classique, après avoir appliqué une face on retire le papier protecteur (opération qui n'est pas toujours facile) en découvrant l'autre surface adhésive. Il existe une deuxième version pour laquelle il est plus facile d'éliminer les revêtements de protection, mais qui coûte un peu plus cher.

AVERTISSEMENT

Tous les exemples proposés ont été conçus pour permettre aux parents et aux enfants de réaliser ensemble des marionnettes simples et amusantes, avec du matériel que chacun peut trouver chez lui. Bien entendu, lorsque l'utilisation d'instruments ou de matériel coupant (cutter, ciseaux, plastique dur, etc.) est nécessaire, les adultes devront exécuter les opérations eux-mêmes.

CRÉONS ENSEMBLE

AVEC DES CHAUSSETTES

Parmi le matériel pauvre utilisé pour la fabrication de personnages animés, les chaussettes occupent une place d'honneur. Il suffit d'en enfiler une sur le bras, de positionner le pouce à la place du talon, les doigts à la place de la pointe et de fermer les mains pour avoir devant nous une tête, avec une grande bouche, prête à raconter des histoires. Nous allons présenter ci-dessous 3 modèles : le chien, le poisson rouge et le serpent. Mais, avec un peu d'imagination, vous pourrez reproduire n'importe quel autre animal. Un gros nez avec deux petites oreilles et deux yeux minuscules se transforment immédiatement en hippopotame ; une frange le long de la jambe de la chaussette, deux oreilles longues et dressées en papier cartonné, des boutons pour les yeux et les narines et voilà un cheval ; deux moitiés de balle de ping-pong pour les yeux et une langue très large sur une chaussette verte et votre grenouille coassera avant même que vous ayez terminé votre travail. Les meilleures idées viennent en travaillant au projet en expérimentant de nouvelles positions pour les oreilles, des hauteurs différentes pour le nez et les yeux, etc. Ce qui importe, c'est de laisser parler votre imagination, sans craindre les erreurs, car c'est de ces tentatives que naissent les meilleurs résultats.

LE CHIEN

Matériel nécessaire

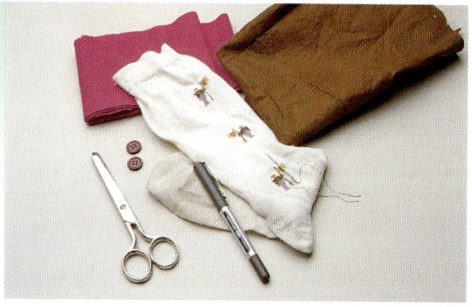

- une vieille chaussette en coton
- un feutre à pointe fine
- une feuille de papier
- suédine ou feutrine marron
- suédine ou feutrine rose
- des ciseaux
- deux boutons
- une aiguille et du fil

1. Enfilez la chaussette sur la main, de sorte que le pouce occupe la partie concave du talon et que la pointe des autres doigts touche l'extrémité réservée aux doigts de pied. Avec le feutre, marquez à quelle hauteur il faudra coudre les oreilles : celles-ci doivent s'appuyer sur la première phalange de l'index et de l'auriculaire, de la jointure à la première articulation des doigts. (**Photo A**)

2. Dans le papier, découpez la silhouette des oreilles, du nez et des yeux. Pour les oreilles, vous pouvez dessiner des figures pentagonales formées d'un carré (4 cm de côté pour

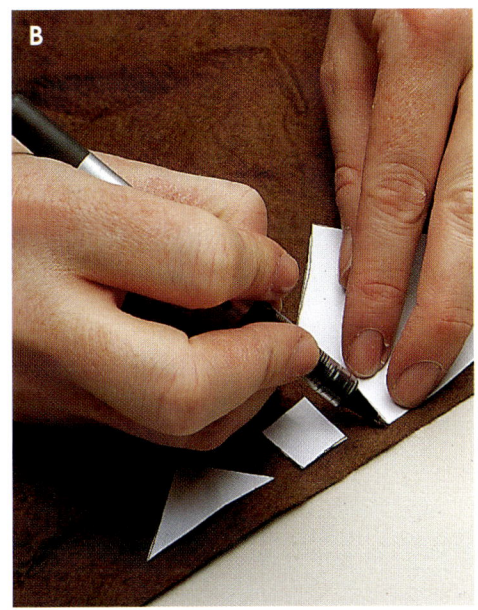

une chaussette de dimension moyenne) surmonté d'un triangle isocèle. Pour le nez, dessinez un triangle isocèle dont la base est longue d'environ un tiers de la largeur de la chaussette. Pour les yeux, découpez deux carrés d'environ 2 cm de côté. Reportez les silhouettes sur le tissu marron plié en deux (de la sorte vous obtiendrez deux figures égales d'un seul coup de ciseaux) et découpez. (**Photos B/C**)

3. La langue peut être ovale ou semi-ovale : découpez-la d'abord dans le papier puis dans le tissu rose. (**Photo D**)

4. Pour réaliser les yeux, il faudra coudre deux boutons sur des carrés de tissu et les appliquer sur la partie avant de la chaussette, plutôt dans une position latérale, à proximité du point marqué au feutre sur lequel vous appliquerez les oreilles. Leur position exacte dépend de votre goût personnel, car c'est d'elle que dépend en fait l'expression de l'animal : des yeux latéraux très bas, par exemple avec un carré de support plié en triangle donne une expression féroce ; des yeux cousus très haut et rapprochés donnent une idée d'ingénuité ; des yeux bas et rapprochés évoquent l'expression un peu hébétée de celui qui vient de recevoir un coup sur la tête. (**Photo E**)

5. Cousez maintenant les oreilles, en suivant le tracé que vous avez marqué au feutre.

6. Cousez maintenant le nez sur la pointe de la chaussette : la base du triangle est tournée vers le haut.

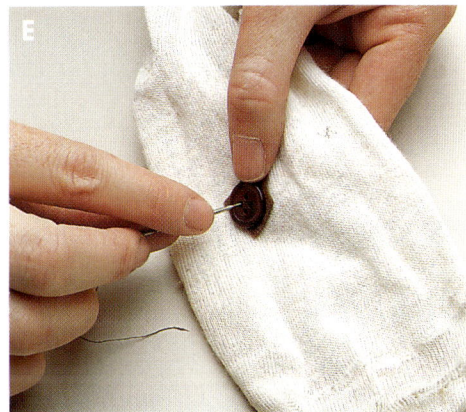

7. Enfin, appliquez la langue : choisissez en fonction de la proportion de votre main, un point de la chaussette correspondant à la concavité de l'index et du pouce, pas trop en arrière (autrement on ne verra pas la langue) ni trop en avant (la langue serait pendante). **(Photo F)**

8. Votre petit chien est maintenant prêt à vivre mille aventures.

UNE VARIANTE

Si vous préférez ne pas utiliser d'aiguille et de fil vous pouvez avoir recours à de la colle de bonne qualité. N'oubliez pas toutefois que :
a) seules les colles les plus fortes garantissent une bonne prise (durable) entre la maille de la chaussette et le tissu ;
b) les colles aussi fortes transpercent le tissu et risquent de coller votre peau : l'opération de fixation doit donc être menée par un adulte avec beaucoup de précautions et, de préférence, en utilisant des gants de travail légers.

LE POISSON ROUGE

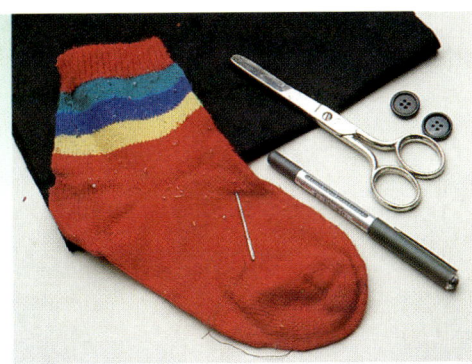

Matériel nécessaire

- une vieille chaussette (rouge)
- un feutre à pointe fine (ou un crayon)
- une feuille de papier
- un morceau de suédine ou de feutrine bleu
- un morceau de suédine ou de feutrine rose
- des ciseaux
- deux boutons
- une aiguille et du fil

1. Enfilez la chaussette sur votre main et, avec le feutre, marquez une ligne le long de la première phalange de l'index et une le long de la première phalange de l'auriculaire, de la jointure à la première articulation des doigts : c'est sur cette ligne directrice que vous appliquerez les nageoires du poisson.

2. Dessinez sur le papier la silhouette d'une nageoire : le tracé de départ est un quart de cercle dont vous pouvez corriger les lignes pour obtenir la forme qui vous plaira le plus. Découpez la silhouette et placez-la sur le tissu bleu plié en deux. Avec les ciseaux, suivez le bord des silhouettes, ce qui vous permettra d'obtenir les deux nageoires latérales.

3. Pour dessiner la nageoire dorsale, partez d'un quart de cercle légèrement plus grand que celui dessiné pour les autres et donnez-lui une forme plus aiguë rappelant la nageoire dorsale d'un squale. Découpez la nageoire dans le papier puis reproduisez-la sur le tissu bleu. **(Photo A)**

4. Dessinez sur le papier la forme de la langue : un ovale irrégulier que vous découperez et reproduirez dans le tissu rose. **(Photo B)**

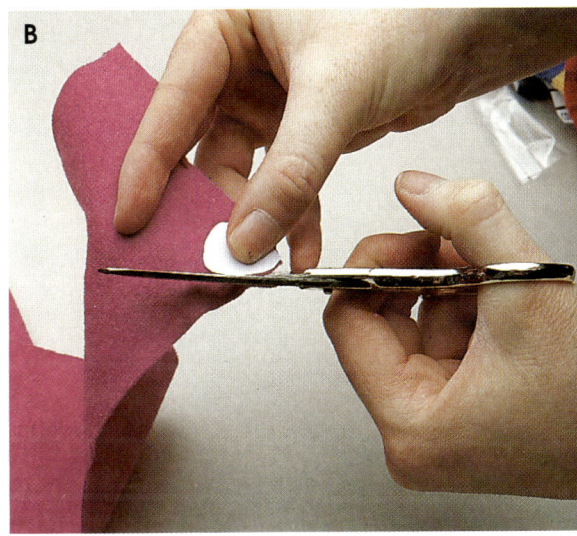

5. Cousez les nageoires latérales sur les signes que vous aurez marqués au feutre : les profils courbes doivent être tournés vers la pointe de la chaussette. Sur la partie avant de la chaussette, au centre, cousez la nageoire

dorsale. Assurez-vous qu'elle est bien placée et appliquez les deux boutons, c'est-à-dire les yeux du poisson, dans une position avancée vers la pointe de la chaussette et bien sur les côtés. **(Photo C)**

6. Cousez maintenant la « langue », à l'endroit de la chaussette qui coïncide avec la partie concave de la paume de votre main. **(Photo D)**

7. Le petit poisson est prêt.

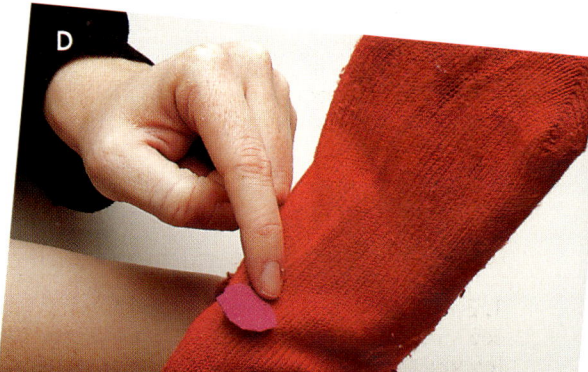

Matériel nécessaire

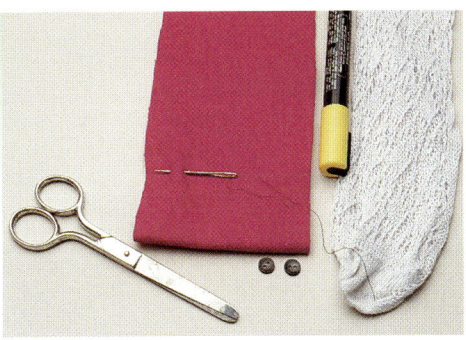

- une vieille chaussette trouée la plus longue possible
- un crayon (ou un feutre)
- des ciseaux
- une feuille de papier
- suédine ou feutrine rose
- un feutre jaune
- une aiguille et du fil
- deux petits boutons noirs

Choisissez, si possible, des chaussettes en coton à effet de dentelle ; ce motif rappelant en effet la peau du serpent.

1. Enfilez la chaussette sur votre bras et tracez au crayon l'endroit où il faudra coudre les yeux : un sur la jointure à la base de l'auriculaire et l'autre sur la jointure à la base de l'index.

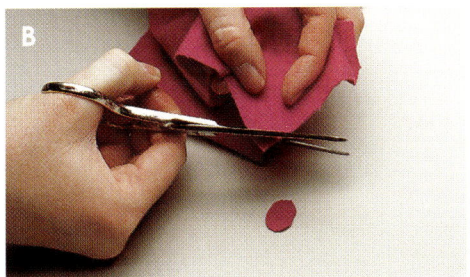

2. Découpez dans un carton un ovale étroit de 1 cm sur 2 cm. Reportez-le sur le tissu rose plié en deux et découpez la forme des yeux. **(Photos A/B)**

3. Avec le feutre jaune, dessinez l'iris des yeux. **(Photo C)**

4. Dessinez sur le papier le contour de la langue fourchue, puis reportez-la sur le tissu plié en deux avant de découper. **(Photo D)**

5. Sur le pied de la chaussette, un petit peu au-dessus de la partie concave formée par la paume de votre main, cousez la langue fourchue en tissu que vous avez découpée : si vous doublez la langue, le tissu sera plus rigide et l'effet visuel plus efficace. **(Photo E)**

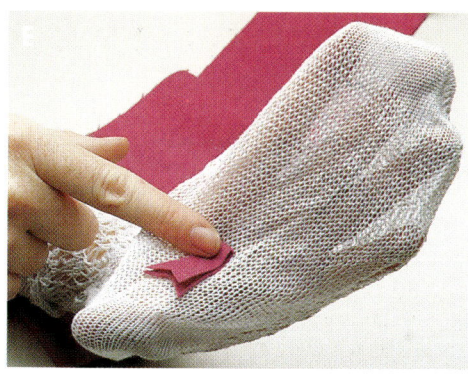

6. Sur la pointe de la chaussette, au centre, cousez deux petits boutons noirs : ce sont les narines du serpent. Appliquez-les à une distance d'environ 2 cm l'un de l'autre. **(Photo F)**

7. Cousez les yeux aux endroits que vous avez repérés au préalable. Utilisez du fil uniquement au centre des deux formes, de sorte qu'il simule la pupille. **(Photo G)**

8. Votre serpent est prêt à susurrer d'innombrables histoires !

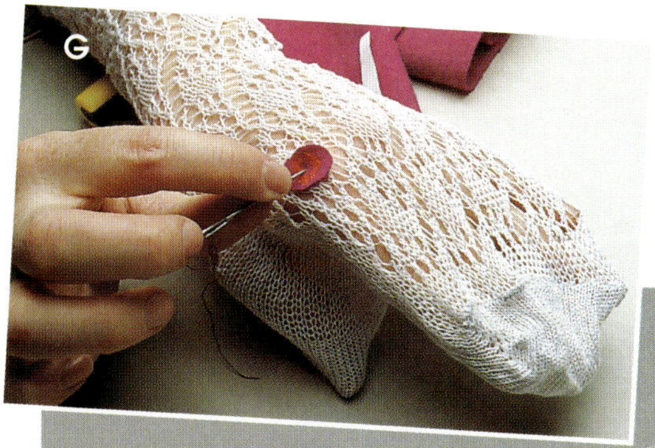

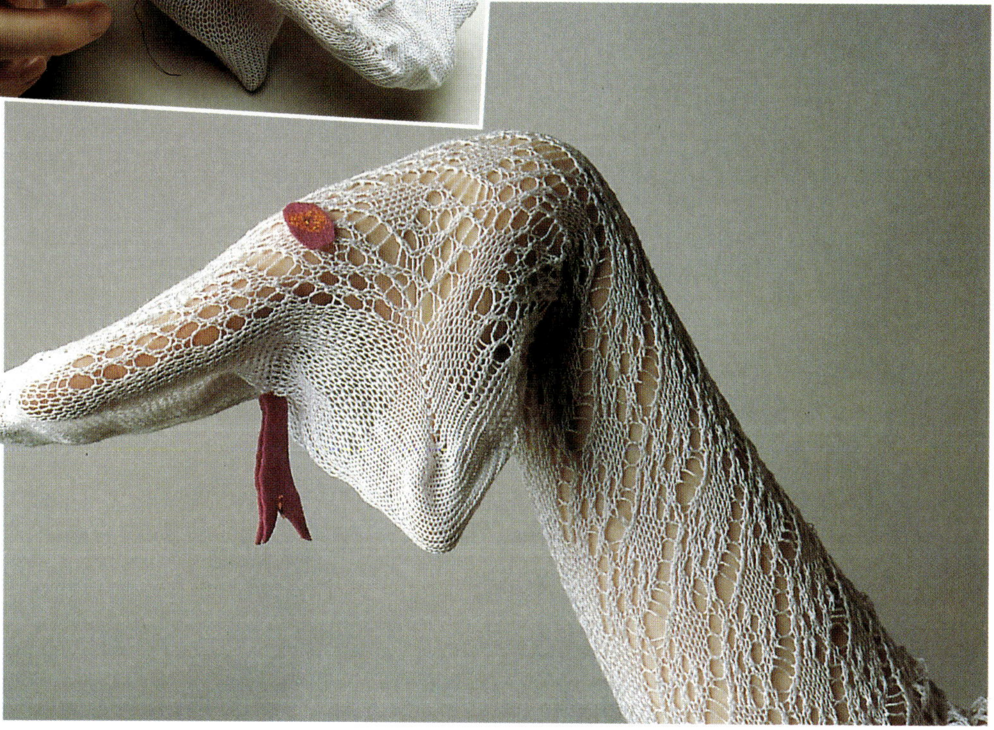

Avec des gants de laine

L'hiver, il peut arriver que l'on perde un gant et que l'on conserve l'autre dans le fond d'un tiroir. Ces gants dépareillés, inutiles, peuvent connaître une nouvelle vie et devenir des accessoires parfaits pour votre petit théâtre domestique.
Il existe deux méthodes. La première consiste à attribuer un personnage à chaque doigt : la main devient alors la scène sur laquelle se déroule la fable et l'on peut raconter des histoires simples mais toujours attrayantes pour les enfants, par exemple celle des trois petits cochons, du Petit Chaperon rouge (le loup, le Chaperon rouge, la maman, la grand-mère, le chasseur sont respectivement le pouce, l'index, l'annulaire, le majeur et l'auriculaire), Cendrillon (Cendrillon, la marâtre, les méchantes sœurs et le prince seront respectivement l'index, le pouce, l'annulaire, l'auriculaire et le majeur).
Le personnage négatif (le loup ou la marâtre) est toujours personnifié par le pouce qui peut se placer en position frontale par rapport aux autres personnages ; le héros est toujours l'index et les autres personnages par ordre décroissant d'importance occupent le majeur, l'annulaire et l'auriculaire.
La deuxième méthode consiste à transformer chaque gant en un personnage. Dans ce cas, on peut raconter des histoires à deux voix, une par main, et inventer des dialogues et des répliques vives et drôles. Il est toutefois plus difficile de mettre en scène plusieurs personnages car le changement de personnage n'est pas rapide et pour pouvoir en « enfiler » un nouveau, il faut interrompre le déroulement de l'histoire pendant quelques secondes. Ces deux solutions sont tout aussi valables et vous ferez votre choix en fonction du type d'histoire racontée.

Les trois petits cochons

Matériel nécessaire
....

- un vieux gant
- des ciseaux
- du bristol rose
- du bristol blanc
- du bristol noir
- du bristol rouge
- de la colle à prise rapide
- un feutre noir à pointe fine

Nous allons reconstituer, sur les doigts d'un gant, l'histoire du loup et des trois petits cochons. Au moment de raconter la fable, veillez à lever uniquement les doigts des personnages que vous voulez faire parler et faites-les bouger en pliant les phalanges : vous obtiendrez immédiatement l'effet théâtral voulu.

1. Pour la réalisation de ces personnages, il faut découper des silhouettes très petites et il vous faudra donc être plus minutieux que d'habitude. Découpez dans le carton rose les six oreilles des petits cochons : en fait, il s'agit de la reproduction, à échelle réduite, des oreilles du chien (voir explication page 16). La hauteur idéale des oreilles, pour un gant de dimension moyenne, est de 8 mm à 1 cm. Repliez légèrement la base des triangles, enduisez-la de colle et appliquez les oreilles sur les côtés de l'index, du majeur et de l'annulaire.

2. Découpez dans le carton blanc six petits carrés de 2 mm à 2,5 mm de côté et, dans le carton rose, deux petits carrés de même dimension : ce sont respectivement les yeux des petits cochons et du loup. Appliquez-les avec un angle tourné vers la paume, comme s'il s'agissait de losanges.

3. Collez les yeux des petits cochons sous les oreilles et ceux du loup 1/2 cm en dessous de la pointe du pouce. Avec un feutre, dessinez sur chaque carré un point noir : ce sera la pupille. Vous pouvez choisir de ne pas dessiner de pupilles pour le loup. Sur les yeux des petits cochons vous pouvez dessiner les pupilles vers le haut, vers le bas, ou convergents vers le centre ce qui donnera à chacun une expression différente.

4. Dessinez et découpez dans le carton rose un ovale d'environ 1 cm de large, puis découpez-en deux autres identiques. Collez ces silhouettes dans le sens horizontal juste sous les yeux des petits cochons : ce sera le nez. Dessinez sur chacun deux petites boules noires pour les narines.

5. Créez maintenant la gueule du loup : dessinez et découpez dans le carton blanc un ovale (2 x 1,5 cm) ; ensuite dessinez et découpez, dans le carton noir, cette fois, un ovale plus petit.
À l'extrémité supérieure et inférieure du carton noir, découpez deux petits triangles qui représentent les dents du loup ; ces dernières donneront à la gueule une expression très féroce.
Collez l'ovale noir sur le blanc, puis collez la gueule grande ouverte ainsi réalisée en la positionnant sous les yeux du loup.

6. Pour ne pas risquer de perdre en route un œil ou une oreille, n'utilisez vos personnages que lorsque la colle est bien sèche, puis enfilez le gant et racontez votre histoire.

Dans l'exemple que nous vous proposons ici, pour la gueule du loup, nous avons utilisé du carton noir parce que le gant est noir. Étant donné que la gueule doit apparaître grande ouverte, la couleur de l'intérieur doit être la même que celle du gant que vous utilisez (jaune pour un gant jaune, rose pour un gant rose, etc.).

L'EXTRATERRESTRE

Matériel nécessaire

- un gant de couleur
- des étiquettes autoadhésives
- deux balles de ping-pong
- du tissu coloré (de préférence avec des motifs rouges)
- des feutres de couleur
- un cutter
- des ciseaux
- de la colle à prise rapide (ou bien une aiguille et du fil)

Pour réaliser ce personnage, nous avons choisi un gant multicolore car il est plus vif et amusant ; bien entendu vous pouvez utiliser celui que vous trouverez chez vous.

1. Dessinez sur les étiquettes autoadhésives les pupilles de l'extraterrestre. Dans l'exemple que nous avons proposé l'on a tracé des cercles concentriques de couleurs différentes mais vous pouvez laisser libre cours à votre imagination et réaliser les décorations les plus variées (étoiles, astérisques, spirales, etc.). **(Photo A)**

2. Avec la lame du cutter, entaillez les balles de ping-pong et découpez une petite

calotte, de manière à ouvrir un passage suffisamment large pour y mettre le doigt recouvert du gant. **(Photo B)** Cette opération, même si elle n'est pas particulièrement difficile, doit être effectuée par un adulte car

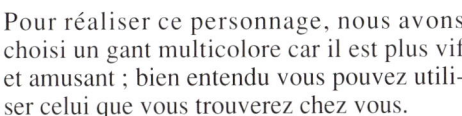

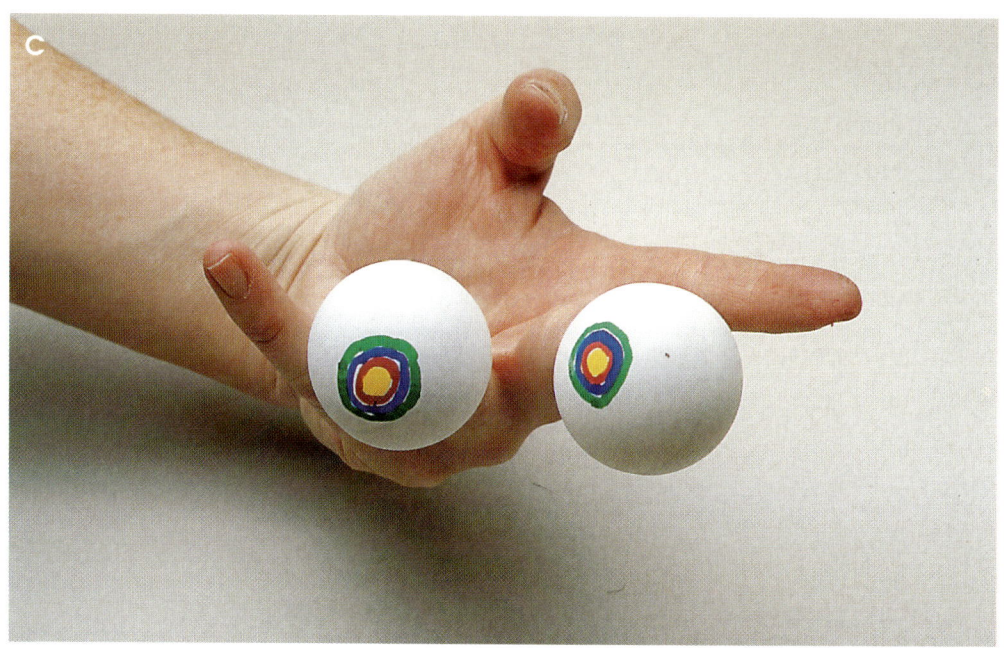

l'utilisation de lames très coupantes peut être très dangereuse.

3. Découpez les pupilles et appliquez-les sur les balles de ping-pong. Si vous avez la main sûre, vous pouvez décorer directement les balles en évitant de préparer les dessins sur les étiquettes. **(Photo C)**

4. Découpez dans la toile colorée un rectangle de 3 cm x 5 cm. **(Photo D)**

5. Collez (ou mieux, cousez) le côté le plus court du rectangle sur la paume du gant. **(Photo E)**

6. Enfilez le gant : pliez l'annulaire et le majeur et enfilez les balles sur l'index et l'auriculaire.

7. Votre monstre est prêt à descendre sur Terre.

AVEC DES GANTS EN CAOUTCHOUC

Les gants en caoutchouc utilisés habituellement pour différents travaux ménagers peuvent être employés à la place des gants en laine mais ils se prêtent également à des réalisations particulières qui exploitent l'élasticité caractéristique de ce matériel (par exemple, le chat, page 30). Pour les exemples que nous vous proposons, nous avons utilisé des gants neufs mais nous vous suggérons d'employer de vieux gants, même s'ils sont un peu usés, car les couleurs un peu passées donneront plus de relief aux dessins réalisés pour créer différents personnages (yeux, nez, bouche, etc.).

LA DAME

Matériel nécessaire

- un gant en caoutchouc
- des marqueurs
- de la colle à prise rapide

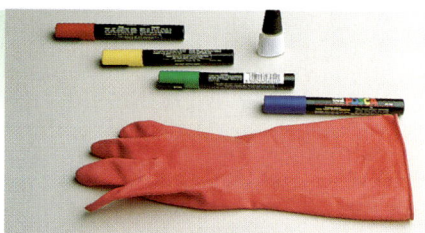

1. Sur le dos du gant, dessinez au marqueur les traits essentiels du visage d'une femme : le dessin ne devra pas forcément être réaliste, il vous suffira de dessiner deux yeux, une bouche charnue et un petit nez délicat. Laissez sécher le dessin : quelques minutes suffisent. **(Photo A)**

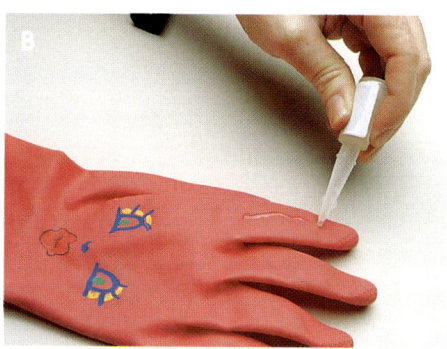

2. Répartissez la colle à prise rapide sur les doigts du gant et enroulez-les sur eux-mêmes. Maintenez les boucles ainsi créées pendant quelques secondes pour que la colle prenne bien. **(Photos B/C)**

3. Enfilez le poing dans le gant et commencez votre représentation.

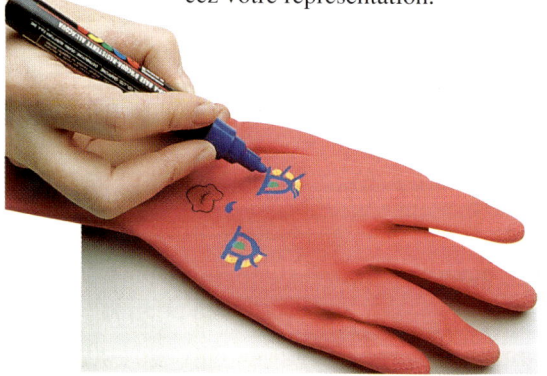

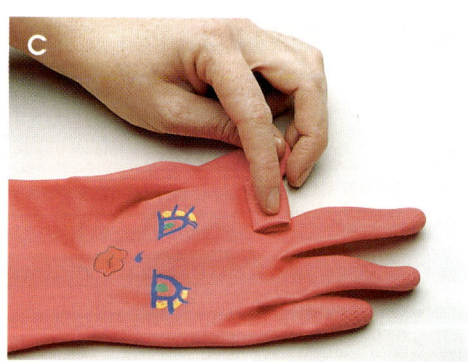

LE CHAT

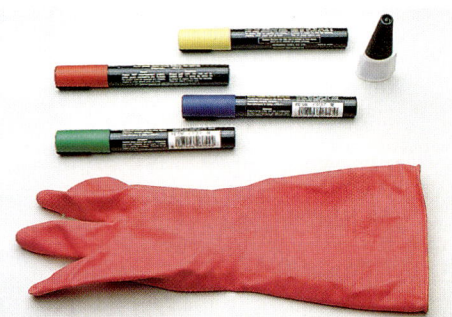

Matériel nécessaire

- un gant en caoutchouc
- des marqueurs
- de la colle à prise rapide

1. Avec les marqueurs, dessinez sur le dos du gant le museau d'un chat. **(Photo A)**

2. Pour faire les oreilles, collez entre elles les extrémités de l'index et du majeur avec de la colle à prise rapide. De même, collez les extrémités de l'auriculaire et de l'annulaire. **(Photos B/C)**

3. Toujours avec de la colle à prise rapide, collez le pouce sur la paume du gant : le museau est ainsi terminé. **(Photo D)**

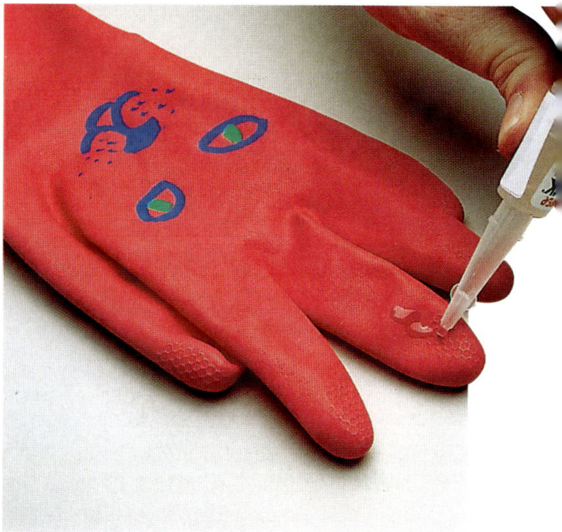

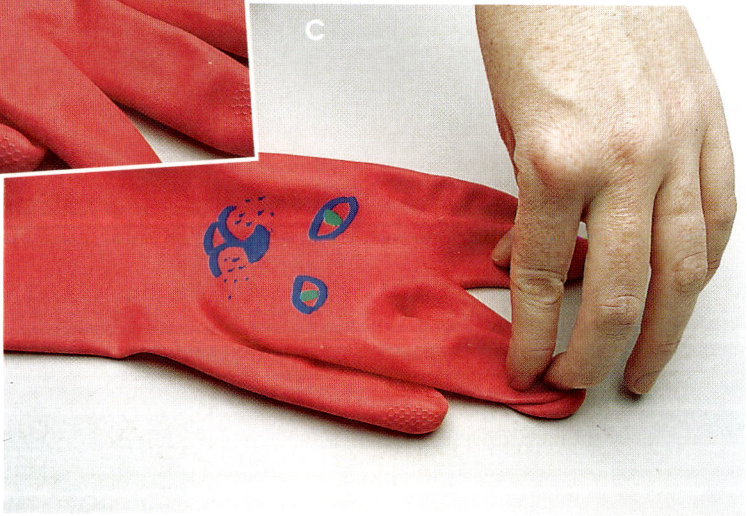

4. Enfilez votre poing dans le gant et, avec la pointe du pouce, appuyez sur le dessin du nez de sorte qu'il soit saillant.

UNE VARIANTE… DE SOIRÉE

Si vous voulez donner une touche d'élégance à votre chat, vous pouvez réaliser un nœud avec du ruban coloré que vous appliquerez avec de la colle sur le gant à la hauteur du poignet. Votre chat pourra ainsi arborer un joli nœud papillon. **(Photo E)**

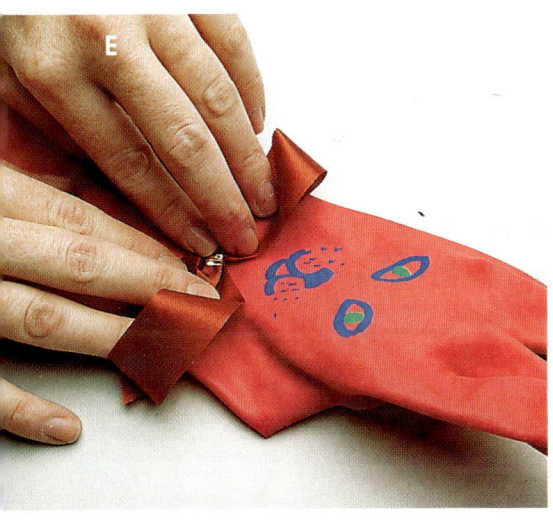

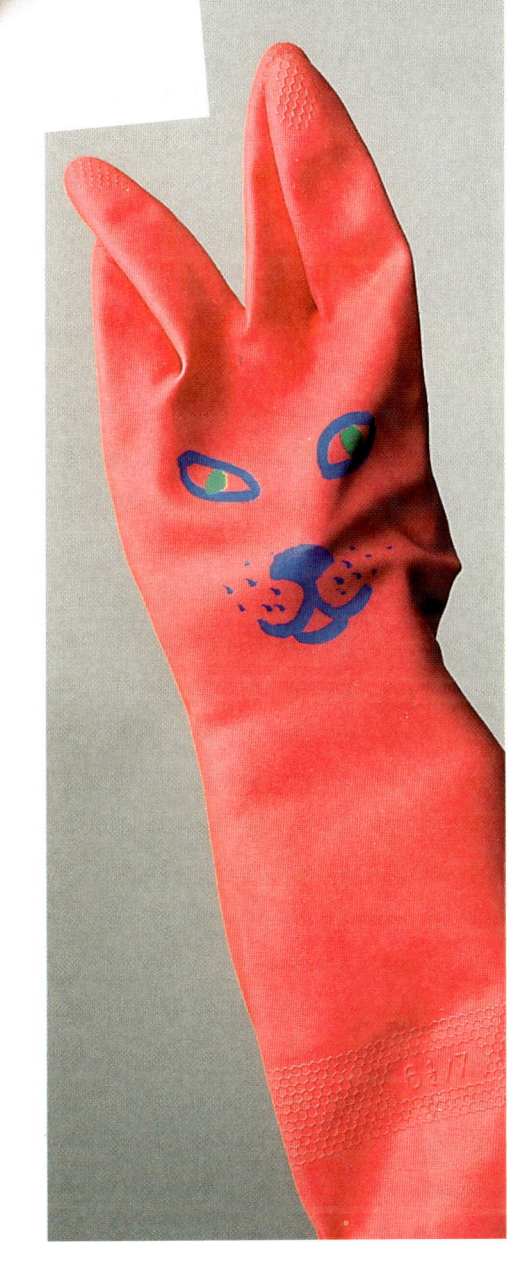

Avec du tissu

Dans votre armoire, vous trouverez toujours une vieille robe utilisable pour créer toute une série de personnages pouvant être animés du bout des doigts, c'est ce que nous allons vous montrer ci-dessous.
À la différence des personnages créés avec des vieux gants, ceux-ci se prêtent à des changements très rapides qui permettent d'alterner un grand nombre de figures sur la « scène ». Si vous êtes habiles de vos dix doigts, vous pouvez faire intervenir jusqu'à dix personnages en même temps. On obtient les meilleurs résultats en utilisant simultanément le pouce, l'index et le majeur des deux mains. Les personnages les plus actifs doivent être placés sur l'index, les méchants sur le pouce et les personnages secondaires sur le majeur. Il ne s'agit là évidemment que d'indications de principe, et non de règle absolue : chaque animateur doit trouver le système qui convient le mieux à sa manière de raconter.

Les créatures marines : le poisson et la pieuvre

Matériel nécessaire

- suédine ou feutrine bleue
- suédine ou feutrine grise
- du papier
- un feutre ou un crayon
- des marqueurs
- des ciseaux
- une aiguille et du fil
- de la colle à prise rapide

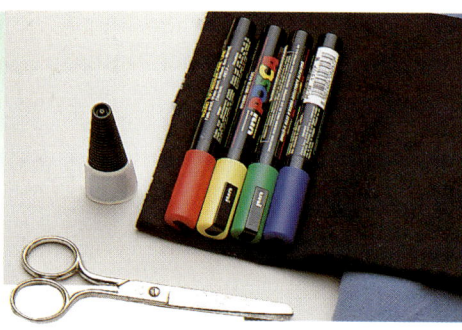

1. Posez l'index sur le tissu bleu replié en quatre.
Tracez en pointillé le contour de votre doigt avec un marqueur en dépassant largement. **(Photo A)**

2. Découpez cette forme, ce qui vous donnera quatre morceaux identiques.
Cousez ces morceaux deux par deux en laissant la base libre, de manière à obtenir deux « doigtiers ». **(Photo B)**

3. Sur le papier, dessinez au feutre ou avec un crayon les tentacules de la pieuvre et le corps du poisson (à l'exception de la tête). Découpez les dessins, reportez-les sur le tissu gris et découpez-les. **(Photo C)**

4. Collez les tentacules de la pieuvre sur l'un des doigtiers et, sur l'autre, collez le corps du poisson avec une bonne quantité de colle à prise rapide. **(Photo D)**

5. Avec le marqueur, décorez le poisson et les tentacules et dessinez le museau des deux créatures marines (le tissu a tendance à absorber les couleurs, il faudra donc repasser plusieurs fois sur les dessins). Vos personnages sont prêts à vous obéir au doigt et à l'œil ! **(Photo E)**

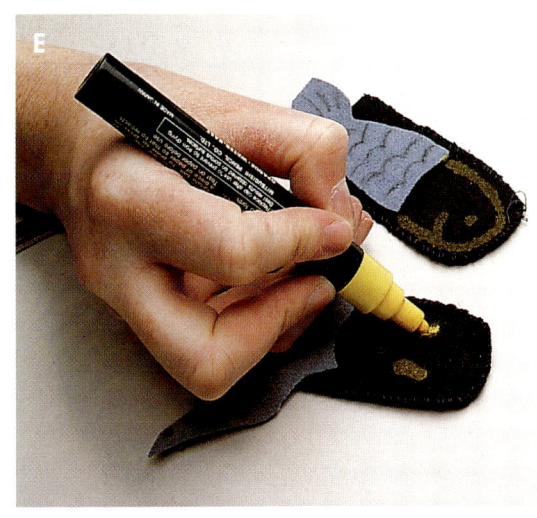

LE PETIT OISEAU

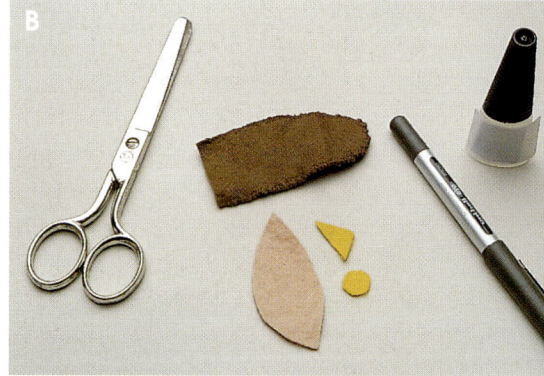

- ■ suédine ou feutrine marron
- ■ suédine ou feutrine jaune
- ■ suédine ou feutrine rose
- ■ du papier
- ■ un feutre
- ■ des ciseaux
- ■ une aiguille et du fil
- ■ de la colle à prise rapide

1. Découpez et cousez dans le tissu marron un doigtier selon les instructions données pour « les créatures marines » (voir page 32). **(Photo A)**

2. Dans le tissu jaune, découpez un cercle de 1/2 cm de diamètre et un triangle rectangle dont le côté le plus important sera de 1,5 cm et le moins important d'environ 1 cm. Dans le tissu rose, découpez une silhouette oblongue : pour obtenir un dessin géométrique régulier, découpez-le sur la base de l'intersection de deux circonférences. La longueur de cette silhouette varie selon la hauteur du doigt de celui qui animera le personnage. **(Photo B)**

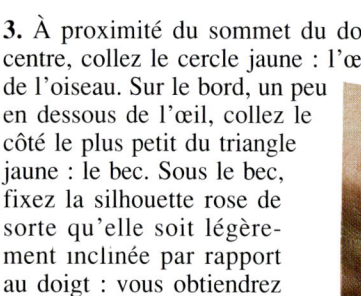

3. À proximité du sommet du doigtier, au centre, collez le cercle jaune : l'œil de l'oiseau. Sur le bord, un peu en dessous de l'œil, collez le côté le plus petit du triangle jaune : le bec. Sous le bec, fixez la silhouette rose de sorte qu'elle soit légèrement inclinée par rapport au doigt : vous obtiendrez l'aile. **(Photo C)**

4. Vous pouvez, si vous le souhaitez, ajoutez des finitions à l'œil et à l'aile avec un feutre.

5. Voilà, le petit oiseau est prêt à prendre son envol.

LE LION

Matériel nécessaire
....
- suédine ou feutrine marron
- suédine ou feutrine jaune
- suédine ou feutrine rose
- un feutre noir à pointe fine
- du papier
- un crayon
- des ciseaux
- une aiguille et du fil
- de la colle à prise rapide

1. Découpez et cousez dans le tissu jaune un doigtier selon les instructions données pour « les créatures marines » (voir page 32). **(Photo A)**

2. Dessinez sur le papier une crinière d'une hauteur équivalent à environ un tiers du doigt. Découpez-la et utilisez-la comme modèle pour en obtenir une identique en tissu marron. Dans le tissu marron, découpez également un petit rond pour le nez. Dans le tissu rose, découpez deux demi-cercles de quelques millimètres : ce seront les moustaches du lion. **(Photo B)**

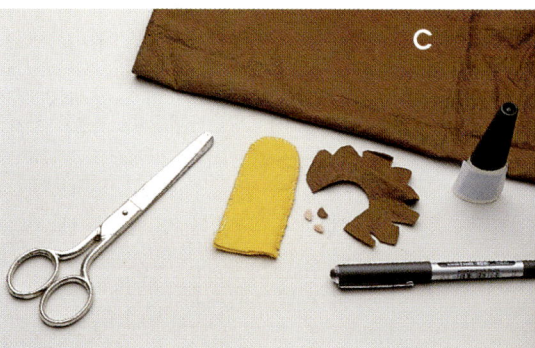

3. Avec une grande quantité de colle à prise rapide, fixez la crinière en haut du doigtier, autour de la pulpe du doigt. Au centre, collez le nez, et au-dessous les deux demi-cercles roses. **(Photo C)**

4. Avec le feutre noir à pointe fine, dessinez les yeux du lion et les moustaches sur les côtés roses. **(Photo D)**

5. Votre lion est maintenant prêt à rugir !

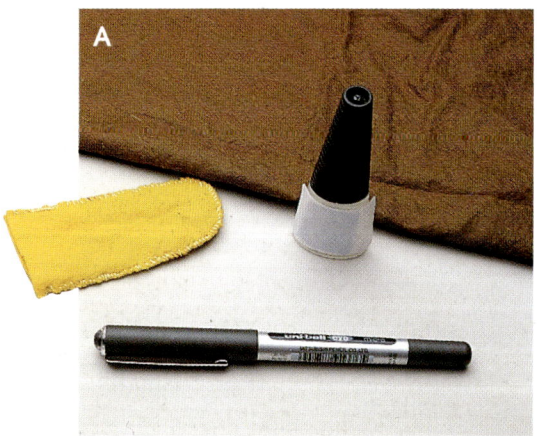

Avec des couverts

L'utilisation des couverts pour créer des personnages animés renvoie directement aux marionnettes sur bâton. Sur la tête du couvert, on dessine un visage tandis que le manche est empoigné pour donner un mouvement au personnage. Le manche, en outre, peut être couvert d'un vêtement très simple mais, en réalité, l'habit a peu d'importance : un visage caractéristique retient l'attention et permet à l'imagination de « voir » ce qu'il n'y a pas forcément.
Les couverts permettent d'avoir sur le même support deux personnages, l'un devant et l'autre derrière, il suffit de tourner le manche pour changer de protagoniste.
Les enfants sont généralement très frappés par cette transformation. Un narrateur habile peut même orchestrer un dialogue entre un personnage et son interlocuteur de l'autre côté du couvert. Au début, vous pourrez vous entraîner avec la procédure la plus facile : utilisez l'arrière pour des personnages secondaires qui n'interagissent pas directement avec celui qui est présenté sur l'avant.

Le cuisinier et son épouse

Matériel nécessaire
....

- une cuillère
- des étiquettes autoadhésives de grand format
- des feutres de couleur
- un crayon
- du ruban adhésif double face
- du bristol jaune
- du papier crépon jaune
- du papier crépon vert
- du papier crépon orange
- de la colle et du papier
- des ciseaux (ou un cutter)

1. Posez une étiquette sur la partie concave de la cuillère et, avec le crayon, tracez les contours. **(Photo A)**

2. Recommencez l'opération en posant une deuxième étiquette autoadhésive au dos de la cuillère : vous avez défini la dimension des visages des « acteurs principaux ». **(Photo B)**

3. Sur l'étiquette, qui recouvrira la partie concave, dessinez le visage d'un homme qui sera le cuisinier. **(Photo C)**

A

B

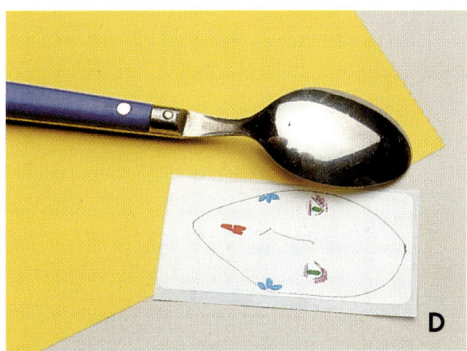

D

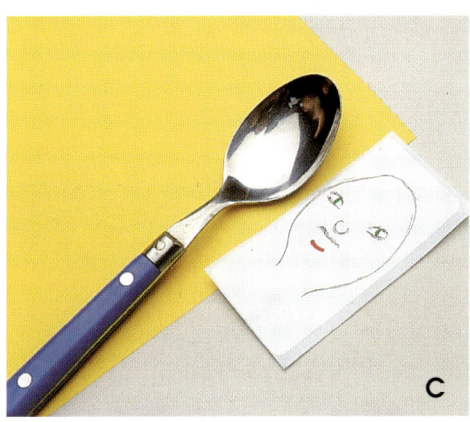

C

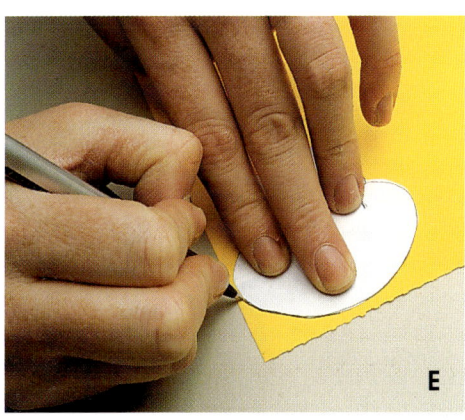

E

4. Sur l'autre étiquette, tracez le visage d'une femme, l'épouse du cuisinier. **(Photo D)**

5. Appliquez les étiquettes sur les deux côtés de la cuillère.

6. Sur la feuille de papier, dessinez la forme d'une toque de cuisinier.
La base doit être suffisamment large pour pouvoir être enfilée sur la pointe de la cuillère. **(Photo E)**

F

7. Reportez deux fois cette silhouette sur le carton jaune et découpez-la. **(Photo F)**

8. Sur une des silhouettes, dessinez le chapeau et décorez-le (sur l'illustration, par exemple, nous avons écrit « chef »). **(Photo G)**

9. Décorez l'autre silhouette qui devra, elle, simuler une coiffure féminine.
Pour améliorer l'effet, réalisez un nœud pour les cheveux : découpez une bande de papier crépon vert d'environ 4 mm et aussi large

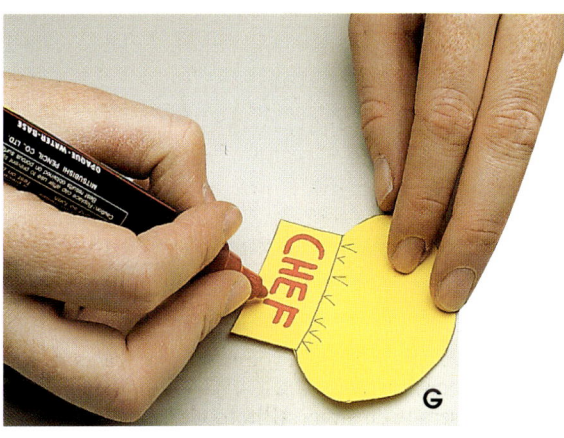

G

que la base du chapeau et un petit carré en papier crépon orange. **(Photo H)**

10. Saisissez le petit carré par les deux côtés opposés et tordez-en un dans le sens des aiguilles d'une montre et l'autre dans le sens contraire, comme si c'était une papillote. **(Photo I)**

11. Collez le nœud sur la bande et fixez le tout sur la coiffure. **(Photos J/K)**

12. Avec le ruban adhésif double face appliquez le chapeau et la coiffure sur les étiquettes et, avec un autre morceau de ruban adhésif double face, fixez entre elles les extrémités des cartons de manière à ce qu'elles ne bougent pas. **(Photos L/M/N)**

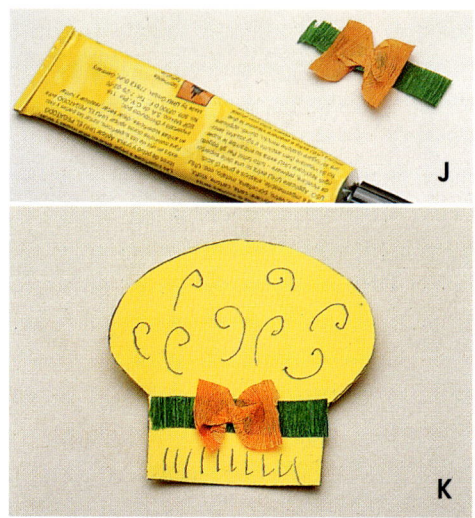

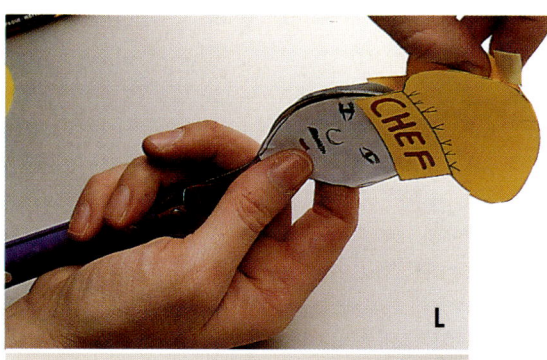

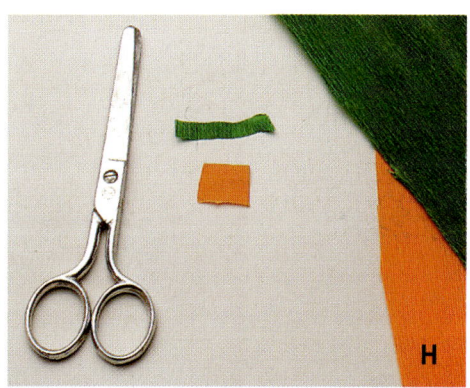

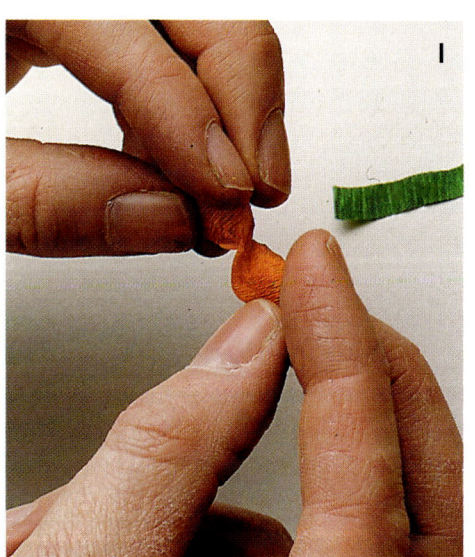

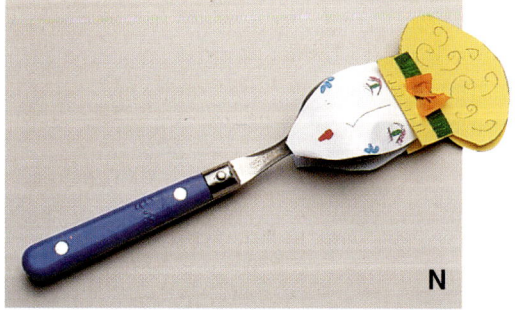

13. Découpez dans le papier crépon orange quatre petites mains : il suffira d'en découper une dans du papier et de s'en servir comme modèle. **(Photo O)**

14. Habillez maintenant vos personnages. Sur le papier, dessinez la forme d'une tunique et reproduisez-la sur le papier crépon jaune (pour le vêtement de la femme) et vert (pour l'habit du cuisinier). **(Photo P)**

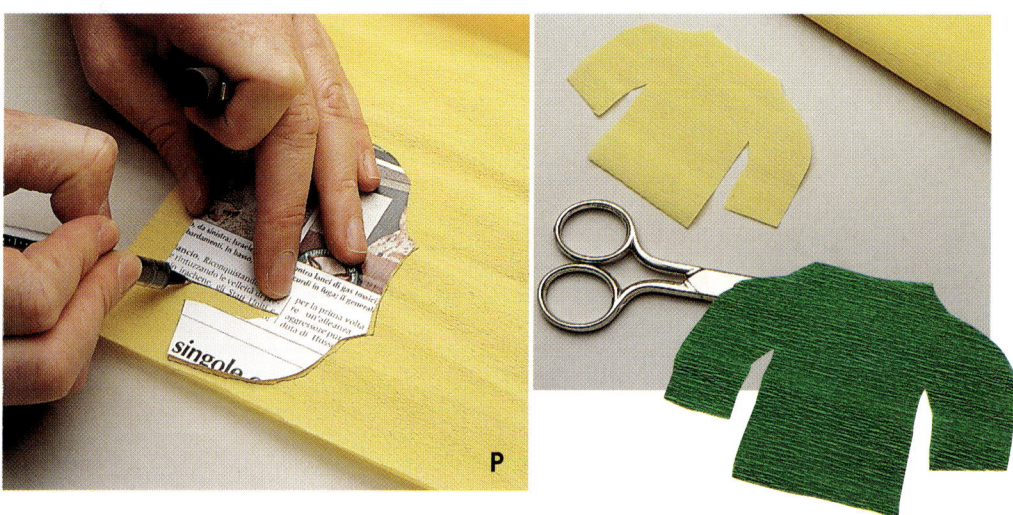

15. Pour donner du volume au corps, faites un pli à la hauteur du décolleté et fixez-le avec de la colle. Avec les feutres, faites les finitions et décorez les deux tuniques. **(Photos Q/R)**

16. Dans le papier, découpez un modèle en forme de triangle étroit, à la pointe tronquée et légèrement profilé. Reportez-le deux fois sur le papier crépon orange. **(Photo S)**

17. Sur l'un de ces modèles, découpez les jambes : ce seront respectivement les pantalons du cuisinier et la jupe de son épouse. **(Photo T)**

18. Si vous le voulez, vous pouvez maintenant dessiner les finitions de ces vêtements avec des feutres, puis tirez sur le papier crépon pour lui donner de la souplesse. **(Photos U/V)**

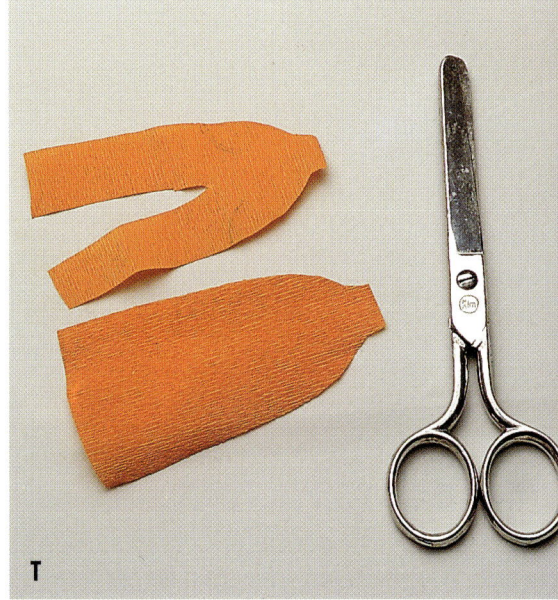

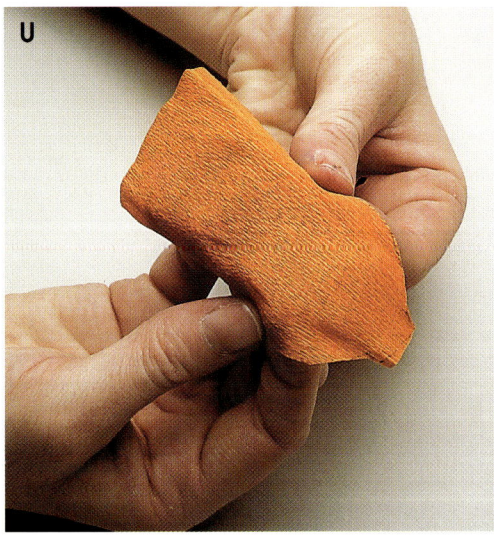

19. Avec la colle, appliquez les mains au bout des manches et les pantalons et la jupe sous leur tunique respective. **(Photo W)**

20. Appliquez les morceaux de ruban adhésif double face à la hauteur du décolleté et des deux tuniques puis des épaules et des coudes d'une seule d'entre elles. Les morceaux appliqués sur le décolleté seront fixés au couvert tandis que les autres serviront à faire coïncider les deux tuniques. **(Photo X)**

21. Le chef cuisinier et son épouse sont maintenant prêts à sortir !

Avec des rouleaux de carton

Les rouleaux de carton, qui ont servi de support au papier aluminium, au papier
« essuie-tout » ou hygiénique, constituent un bon pourcentage du volume
des déchets ménagers. Certains d'entre eux pourront être transformés et renaître
sous la forme d'acteurs de théâtre !
Les rouleaux entiers sont plus faciles à déplacer lorsque l'on applique à la base
un bâtonnet en bois qui, lorsque vous le saisissez, sert à donner du mouvement
au personnage. Les rouleaux de longueur réduite seront de préférence placés sous des
vêtements colorés. C'est le cas du modèle de « la petite fille » présenté ci-dessous.
Deux vêtements suffiront pour soutenir tous les visages nécessaires à l'animation
de l'histoire choisie. Les rouleaux, comme les couverts, permettent également
la réalisation de personnages doubles (devant/derrière) pour lesquels nous vous renvoyons
au chapitre consacré aux couverts pour plus de détails.

La petite fille

Matériel nécessaire
....

- ■ un rouleau de carton
- ■ du polystyrène
- ■ du papier crépon jaune
- ■ du papier crépon orange
- ■ un feutre bleu foncé ou clair
- ■ une agrafeuse
- ■ des ciseaux
- ■ un cutter
- ■ du ruban adhésif double face
- ■ des marqueurs
- ■ du tissu coloré
- ■ de la colle
- ■ une aiguille et du fil

1. Avec le cutter, découpez le support en carton du papier hygiénique à un tiers de sa hauteur. **(Photo A)**

2. Collez le long du bord supérieur une bande de ruban adhésif double face. **(Photo B)**

3. Découpez dans le papier jaune une bande de 3 cm de hauteur et de la longueur de la circonférence du rouleau en carton. Effrangez-

A

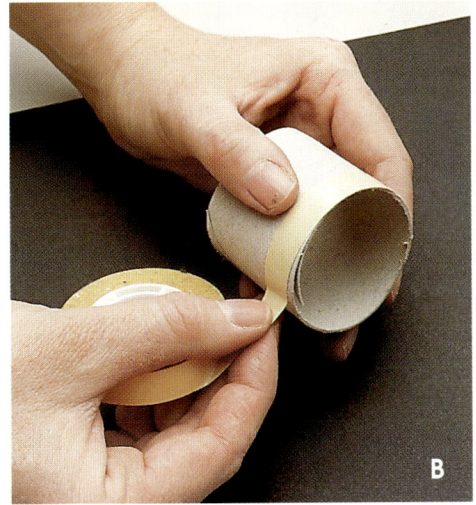

la et appliquez-la sur le ruban adhésif double face : vous avez maintenant créé la frange de la petite fille. **(Photos C/D)**

4. Sur le polystyrène, dessinez les yeux que vous compléterez en dessinant des iris bleus. **(Photo E)**

5. Découpez les yeux avec le cutter et finissez le bord avec les ciseaux pour éliminer toute aspérité. Avec un morceau de ruban adhésif double face ou une goutte de colle à prise rapide positionnez-les juste sous la frange. **(Photo F)**

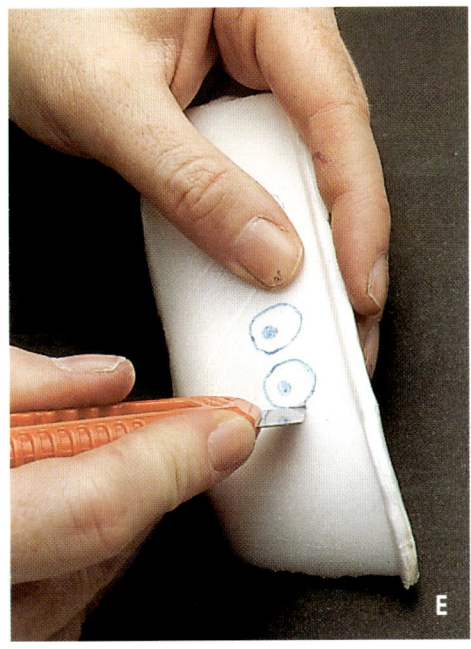

6. Dans le papier crépon jaune, découpez six bandes d'une largeur de 3 cm environ sur toute la longueur.
Pliez-les en deux en longueur et en largeur. Tressez-les et agrafez-les. **(Photo G)**

7. Tressez les trois bandes et fixez-les au fond avec une autre agrafe. **(Photo H)**

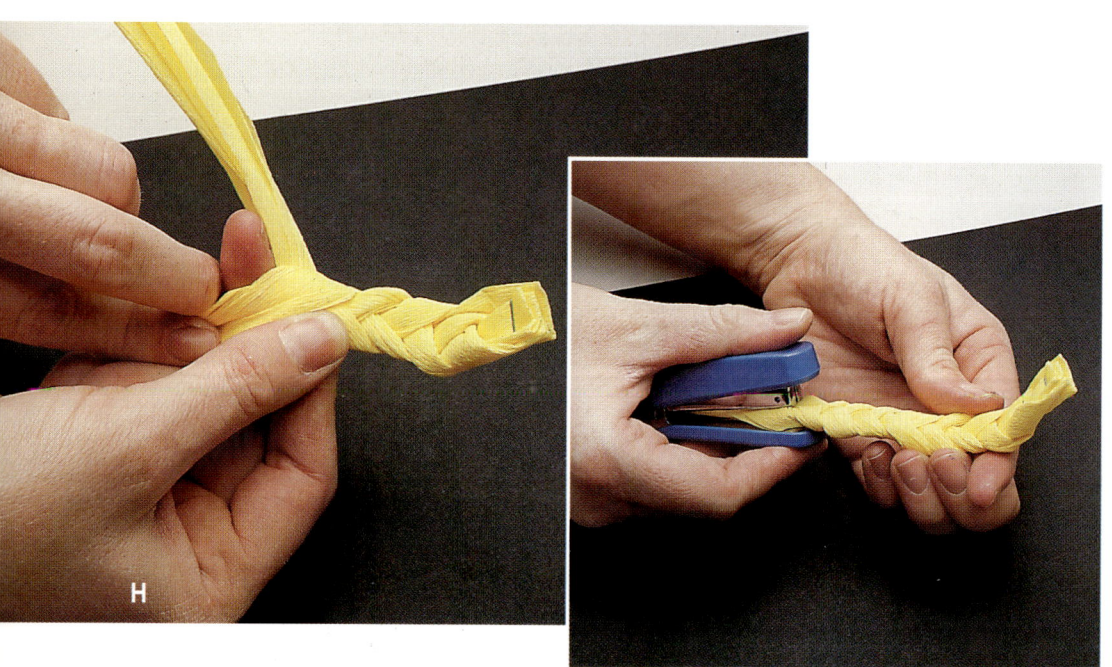

8. Recouvrez le point de fermeture avec une petite bande de papier crépon orange que vous fixerez avec une goutte de colle. **(Photos I/J/K)**

9. Avec un morceau de ruban adhésif double face, appliquez la tresse au bord du rouleau de sorte que l'extrémité supérieure soit recouverte par la frange. **(Photos L/M)**

10. Complétez le visage en dessinant le nez et la bouche au marqueur. **(Photo N)**

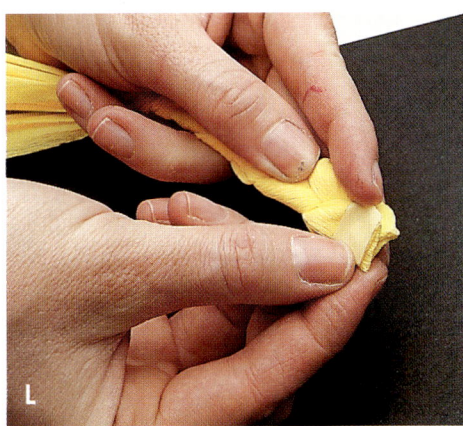

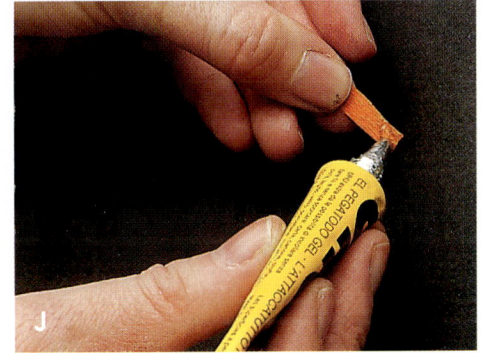

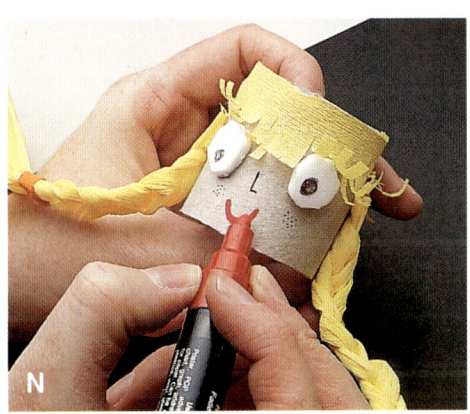

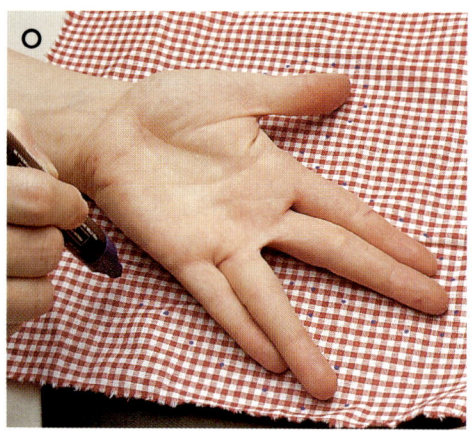

11. Passez maintenant à la réalisation des vêtements. Pliez en deux le tissu et, avec un feutre, dessinez la forme de votre main ouverte, l'index collé contre le majeur et l'annulaire contre l'auriculaire. **(Photo O)**

12. Découpez cette silhouette de sorte qu'elle soit légèrement plus grande que votre main. Cousez les deux morceaux ainsi obtenus, ce qui vous donnera une sorte de gant. **(Photos P/Q)**

13. Enfilez votre main dans le gant et appliquez sur l'index et le majeur la tête de la petite fille.

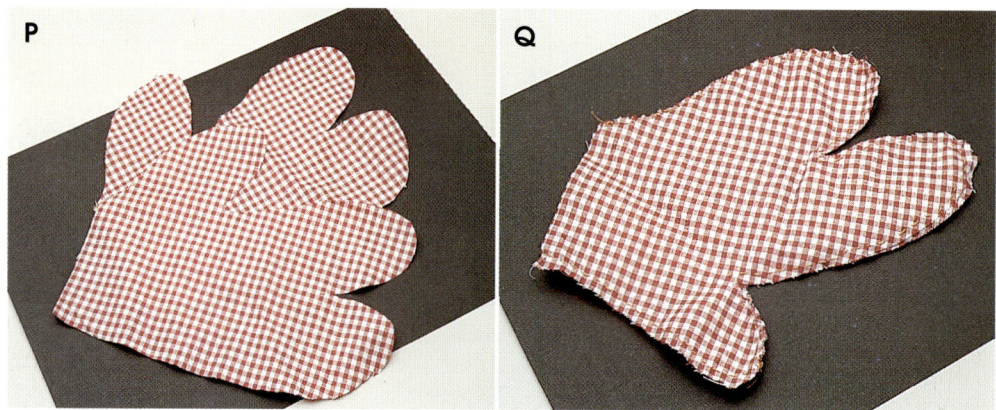

LE MONSTRE INTERGALACTIQUE

Matériel nécessaire

- deux rouleaux en carton
- deux cure-dents
- deux balles de ping-pong
- du papier crépon jaune
- du papier crépon vert
- du papier crépon orange
- des feutres de couleur
- du ruban adhésif
- du ruban adhésif double face
- un cutter
- des ciseaux
- un bâtonnet en bois

1. Dans un des deux rouleaux en carton découpez une rondelle de 3 cm environ et gardez l'autre entier. **(Photo A)**

2. Recouvrez toute la face avant du support avec une bande de papier crépon jaune. Pour la fixer, utilisez le ruban adhésif double face.

3. Décorez le bord supérieur avec une petite couronne verte que vous aurez découpée à votre goût et fixez-la avec le ruban adhésif double face.

4. Sur les côtés de la bande recouverte de papier crépon jaune, pratiquez avec le cutter deux ouvertures diamétralement opposées. **(Photo B)**

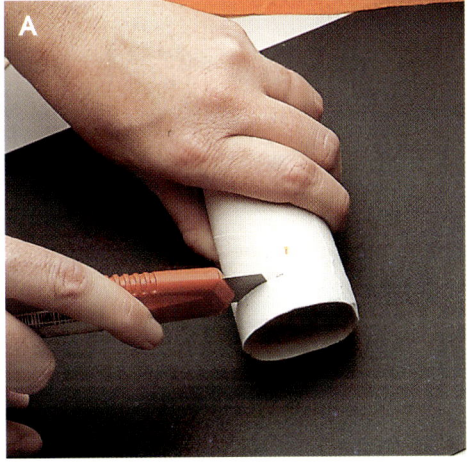

5. Avec le cutter pratiquez également une incision dans les balles de ping-pong qui représentent les oreilles. Décorez-les maintenant avec les marqueurs en essayant de donner à votre monstre un aspect inquiétant.

6. Enfilez dans l'ouverture des balles la pointe de l'un des cure-dents : vous aurez ainsi deux balles enfilées chacune sur un cure-dent. **(Photo C)**

7. Recouvrez de papier crépon orange la rondelle que vous avez préalablement découpée. **(Photo D)**

8. Collez-la verticalement à la base de la partie jaune du support. Complétez le visage du monstre avec les feutres de couleur.

9. Insérez les extrémités libres des baguettes dans les entailles que vous avez pratiquées dans le carton et poussez-les jusqu'à ce que les pointes, à l'intérieur du rouleau, se rencontrent et se superposent légèrement. Liez-le avec un tour de ruban adhésif : ainsi les oreilles seront bien stables. **(Photo E)**

10. Le bâtonnet qui servira à manipuler le monstre doit être appliqué à l'intérieur du rouleau avec un morceau de ruban adhésif. **(Photo F)**

11. Vous voilà prêt à entrer en orbite !

Avec des bouchons en liège

Les bouchons en liège sont très utiles pour la réalisation de sujets simples adaptés au public des plus petits. Dans les deux premiers exemples nous avons utilisé également des pailles qui constituent une autre source inépuisable d'inspiration. Pour travailler le liège, il est souvent nécessaire de recourir au cutter. Nous vous conseillons de réserver l'usage de cet instrument à un adulte compétent. La lame légèrement chauffée et manipulée d'un mouvement décidé coupe mieux, plus rapidement et laisse des traces nettes. D'autre part n'oubliez pas d'utiliser uniquement des bouchons parfaitement secs : c'est très important pour la sécurité.

L'araignée

Matériel nécessaire

- un bouchon en liège
- du ruban adhésif double face
- des feutres
- huit pailles articulées
- des ciseaux
- un cutter
- un bâtonnet en bois

Un bouchon de champagne ou de mousseux est idéal pour la réalisation de cette figurine.

1. Enroulez autour du bouchon le ruban adhésif double face en suivant le rétrécissement qui se trouve en dessous de la tête du bouchon, sans enlever le revêtement supérieur du ruban adhésif. **(Photo A)**

2. Avec les feutres, dessinez la tête de l'araignée.

3. Coupez les pailles de sorte que l'articulation se trouve au milieu de la partie que vous utiliserez.

4. Avec le cutter, entaillez sur un peu plus d'un demi-centimètre une extrémité des pailles et éliminez l'une des sections obtenues de la sorte. Pliez vers l'arrière celle qui reste de manière qu'il se forme une partie perpendiculaire à la paille. **(Photo B)**

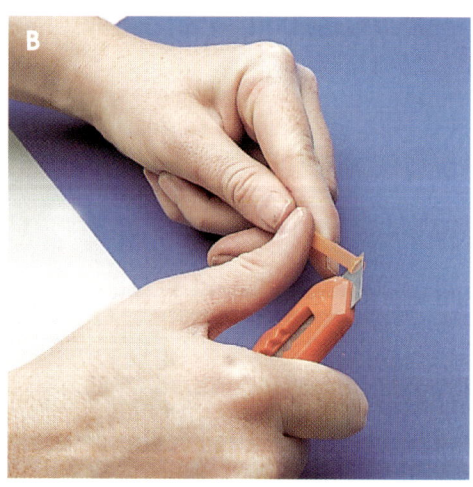

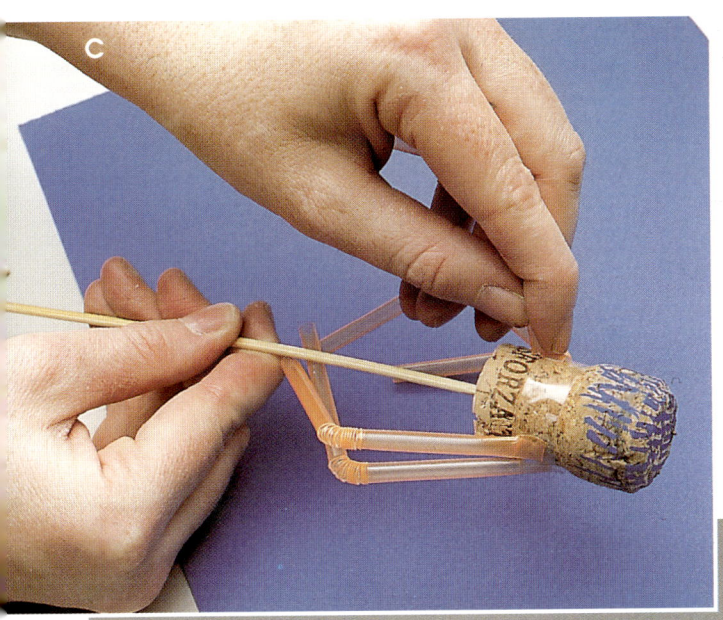

5. Retirez le revêtement resté sur le ruban adhésif double face et appliquez les pailles (quatre de chaque côté) en faisant adhérer à la surface collante la partie que vous avez pliée. **(Photo C)**

6. Pliez les articulations des pailles de sorte qu'elles ressemblent à des pattes d'araignée. Enfilez le bâtonnet dans la base du bouchon et utilisez-le pour animer l'araignée.

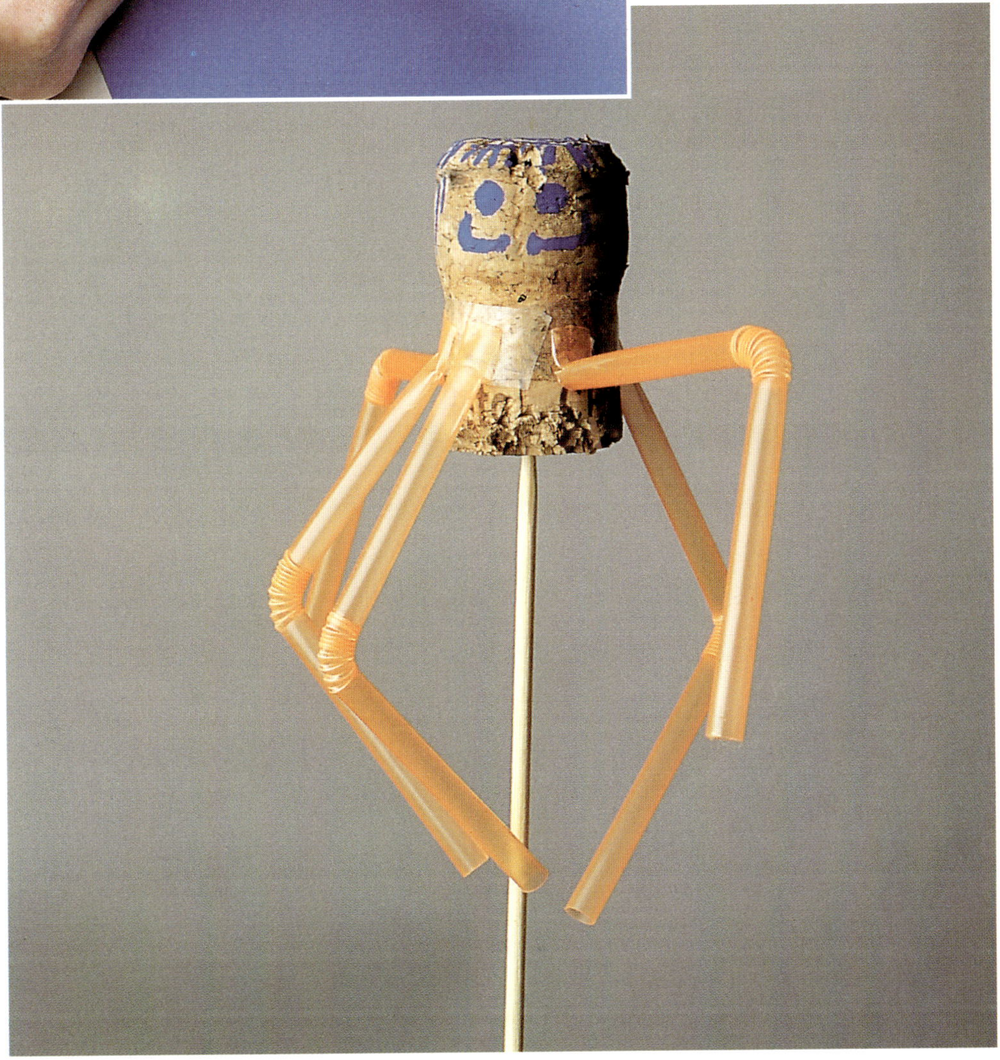

LA MÉDUSE

Matériel nécessaire
....

- ◼ un bouchon en liège
- ◼ du ruban adhésif double face
- ◼ dix pailles
- ◼ des ciseaux
- ◼ un cutter
- ◼ un bâtonnet en bois
- ◼ des feutres de couleur

1. Enroulez autour du bouchon le ruban adhésif double face en suivant le rétrécissement situé en dessous de la tête du bouchon. **(Photo A)**

2. Coupez chaque paille en trois ou quatre morceaux. Avec le cutter, coupez les fragments de paille en deux, dans le sens de la longueur.

3. Éliminez la protection supérieure du ruban adhésif double face et collez les pailles sectionnées de sorte que la partie arrondie soit tournée vers l'extérieur : plus il y aura de pailles, plus la méduse sera convaincante. **(Photo B)**

4. Avec les feutres, dessinez le « visage ». Enfilez le bâtonnet en bois dans la base du bouchon et utilisez-le pour manœuvrer la méduse.

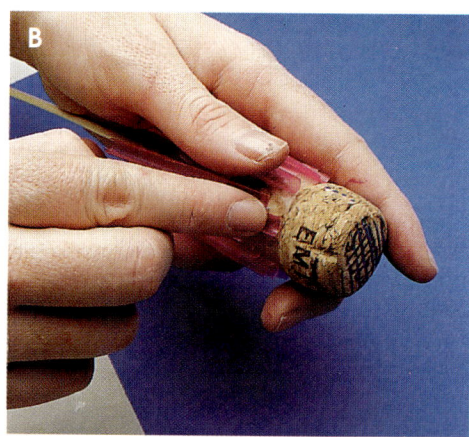

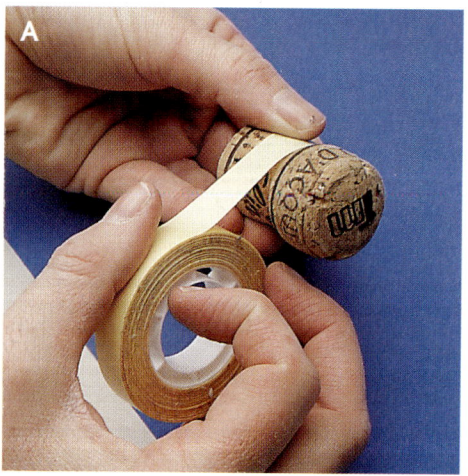

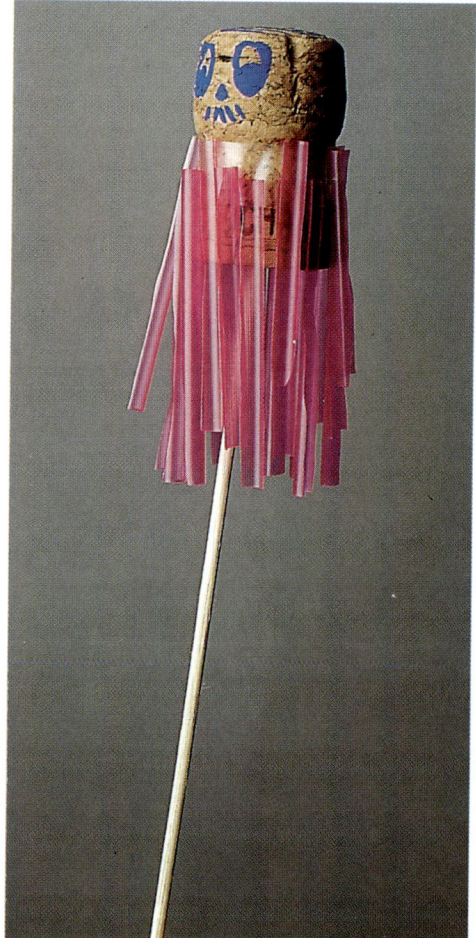

LE BONHOMME

Matériel nécessaire

- un bouchon en liège
- un cutter ou une petite scie
- du papier
- un crayon
- des feutres de couleur
- des ciseaux
- un cure-dent
- un bâtonnet en bois

avec de la colle à prise rapide. Enfilez les pantalons sur l'extrémité libre du cure-dent.

7. Piquez le bâtonnet sur la base de la figure que vous pourrez ainsi déplacer à loisir.

1. Pour réaliser ce personnage, le matériel idéal est un bouchon à vin en bon état. Avec une petite lame de scie (vous pouvez utiliser un cutter mais cela demande plus d'adresse), découpez une rondelle de quelques millimètres à l'extrémité du bouchon qui n'a pas été abîmée par le tire-bouchon, et sectionnez la partie restante dans le sens de la longueur.

2. Sur le papier, dessinez, coloriez et découpez deux bras et deux pieds en n'oubliant pas de prévoir pour chacun de ces éléments une petite languette qui vous servira à les coller sur le liège.

3. Sur la rondelle de liège, dessinez le visage du personnage. Enfilez ensuite la rondelle sur le cure-dent.

4. Prenez une des deux parties restantes du bouchon. Sur la surface bombée dessinez, en suivant par exemple les décorations imprimées par le fabricant de bouchons, une veste et une cravate. Sur les côtés, appliquez les bras avec de la colle à prise rapide.

5. Avec la colle à prise rapide, fixez sur le cure-dent, juste en dessous de la tête, l'arrière de la partie du bouchon sur lequel vous avez dessiné la veste et la cravate.

6. Prenez le dernier morceau de bouchon et sur la surface lisse, coupée avec la petite lame, dessinez, avec un feutre, les pantalons du bonhomme. En bas, appliquez les souliers

LE PIRATE ET LE CLOWN

Matériel nécessaire
....

- deux étiquettes autoadhésives moyennes ou petites
- une petite scie
- un bouchon en liège
- un bâtonnet en bois
- une feuille de papier blanc
- des feutres de couleur

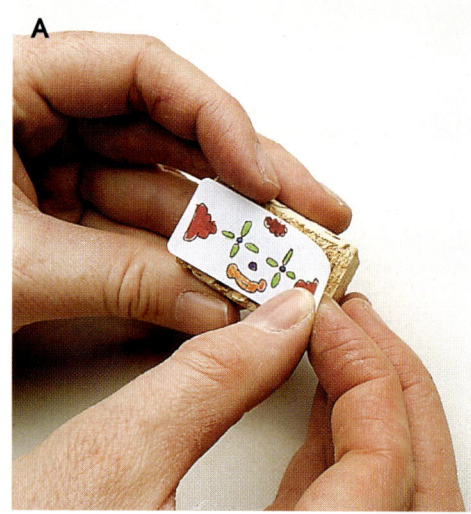

Pour ce personnage, nous utiliserons la même technique que pour ceux réalisés avec des couverts, c'est-à-dire qu'il y aura deux figures sur le même support, une devant et une derrière.

1. Dessinez sur une étiquette le visage d'un pirate et sur l'autre le visage maquillé d'un clown.

2. Avec la petite de scie, découpez le bouchon dans le sens de la longueur de manière à obtenir deux faces planes parallèles. Appliquez une étiquette sur chacune de ces surfaces et piquez le bâtonnet en bois dans le bouchon. **(Photos A/B)**

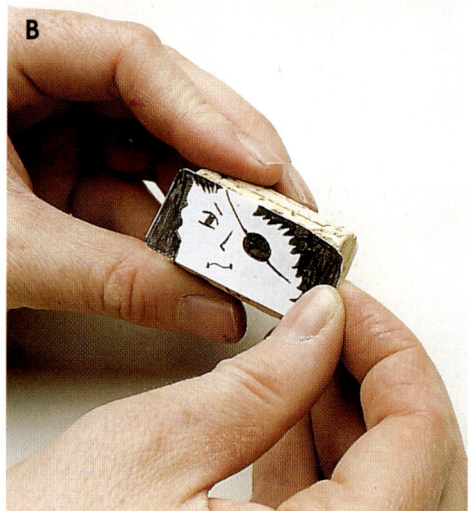

3. Avec la feuille de papier, réalisez un chapeau pointu et colorez-le avec les feutres : vous pourrez utiliser pour le pirate le dessin classique de la tête de mort et un dessin amusant pour le clown. **(Photos C/D)**

4. Coiffez les visages avec le chapeau et commencez votre histoire.

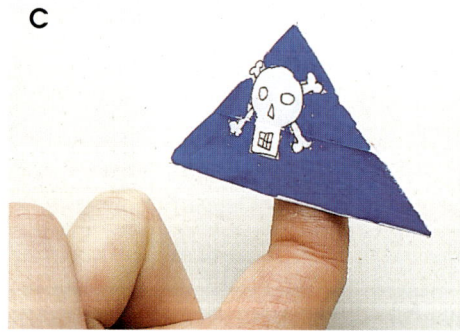

Avec une éponge

L'éponge est très utilisée pour la fabrication de personnages car c'est un matériel très souple. Ci-dessous, nous vous présentons une de ses utilisations les moins courantes mais des plus intéressantes. Pour réaliser des marionnettes, on utilise toujours des éponges synthétiques. Dans un souci d'hygiène, nous vous conseillons, si vous utilisez des vieilles éponges, de les passer à la machine à laver pour un rapide lavage à froid (ou éventuellement tiède si l'éponge est de bonne qualité).

Le soleil et la lune

Matériel nécessaire

- deux éponges jaunes peu épaisses
- un feutre à pointe fine
- des ciseaux
- des marqueurs
- de la colle à prise rapide
- du tissu jaune
- une aiguille et du fil

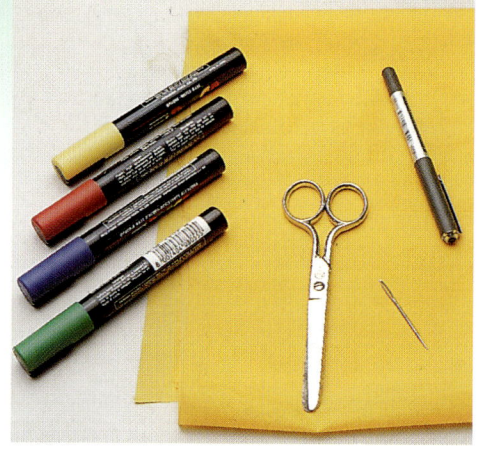

1. Dessinez sur une éponge deux silhouettes identiques représentant le soleil et découpez-les avec les ciseaux. Sur l'autre éponge, dessinez deux profils identiques représentant la lune. **(Photo A)**

2. Décorez avec les marqueurs une face du soleil et de la lune. De par sa texture, l'éponge a tendance à absorber les couleurs, il faudra donc repasser plusieurs fois votre dessin pour obtenir un bon résultat. **(Photos B/C)**

A

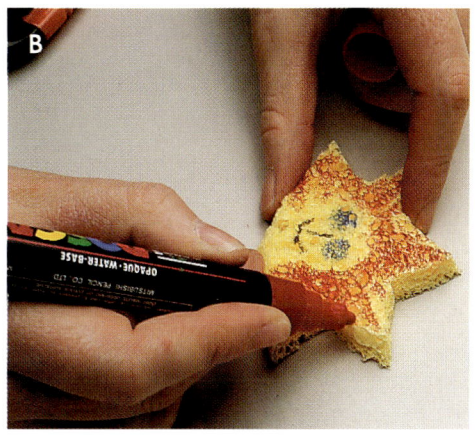

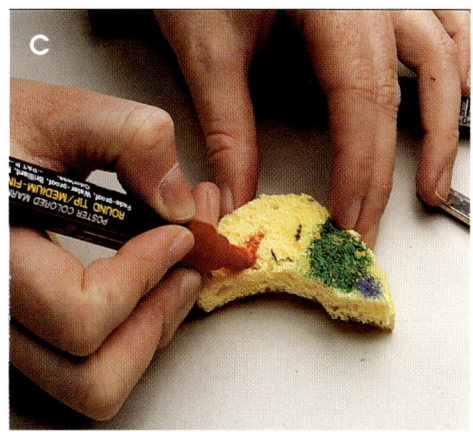

3. Retournez les faces dessinées et passez sur les bords une grande quantité de colle à prise rapide (il en faut beaucoup parce que l'éponge l'absorbe en partie) en excluant une portion de la base assez large pour que vous puissiez passer deux doigts. Superposez les deux moitiés et laissez sécher. **(Photo D)**

4. Pliez en deux le tissu jaune et, avec le feutre à pointe fine, tracez la forme de votre main ouverte (l'index collé au majeur et l'annulaire à l'auriculaire). **(Photo E)**

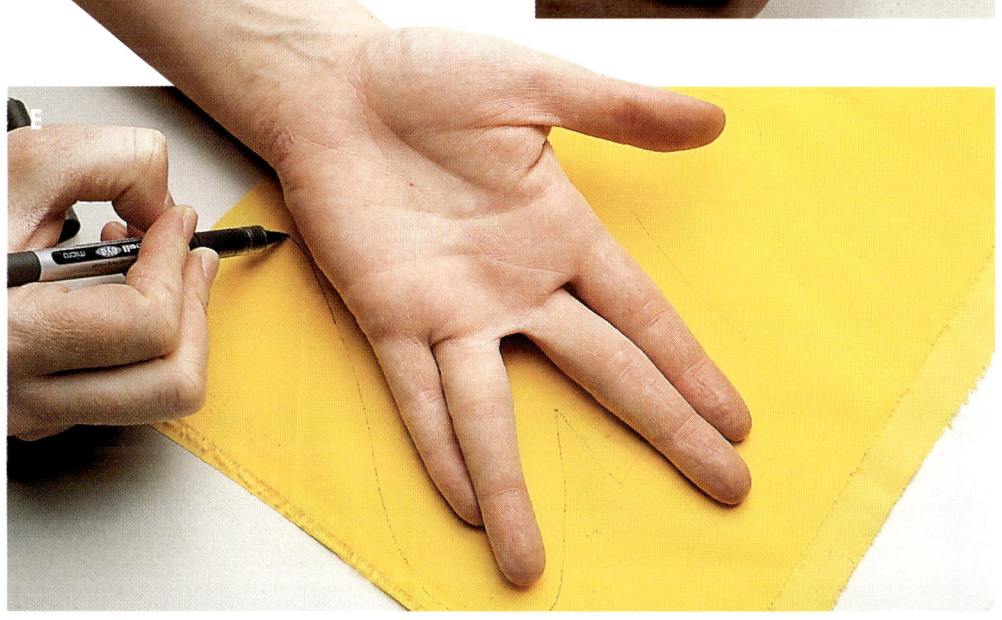

5. Tracez la forme de la main en la tronquant à la hauteur de la phalange de l'index et du majeur. Découpez le tissu et cousez les bords. **(Photos F/G)**

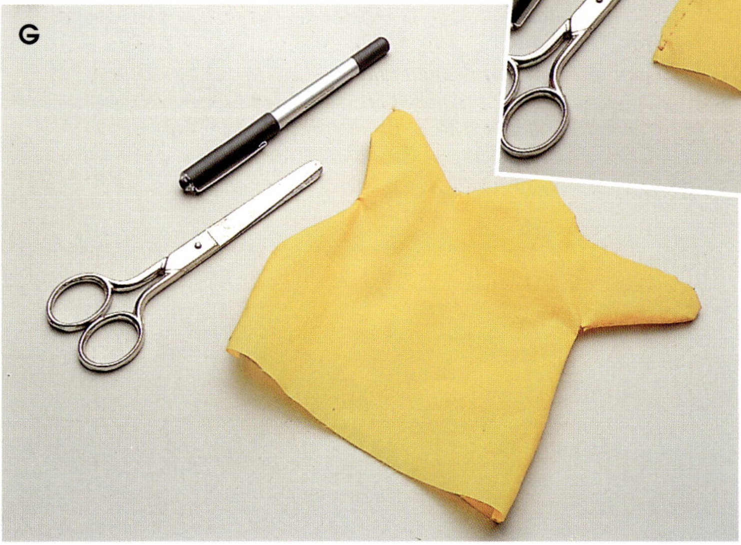

6. Enfilez votre main dans le vêtement jaune et placez sur vos deux doigts non recouverts les masques en éponge.

Avec du polystyrène

Le polystyrène est un matériel très répandu. Ainsi, lorsque l'on revient des courses au supermarché, par exemple, on se retrouve avec une grande quantité de ce matériel qui n'est pas réutilisable dans la vie quotidienne. En le découpant pour en obtenir des silhouettes à animer, on le recyclera d'une manière créative. D'autre part, son abondance compense le caractère fragile des objets réalisés avec ce matériel. Avant d'utiliser le polystyrène, lavez-le avec de l'eau savonneuse et séchez-le avec un torchon propre. Pour retirer les résidus alimentaires les plus résistants, vous pouvez le nettoyer avec une petite éponge légèrement abrasive.

La chanteuse

Matériel nécessaire

....

- une feuille de papier blanc
- des feutres de couleur
- des ciseaux
- un plateau en polystyrène léger
- un cutter
- des marqueurs

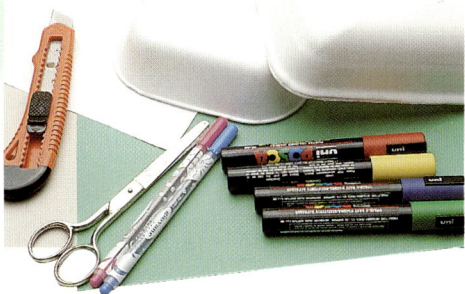

1. Tracez sur la feuille de papier deux cercles où vous pourrez insérer vos doigts (index et majeur) et dessinez autour de ceux-ci la silhouette de la chanteuse.

2. Découpez la silhouette, reportez-la sur le plateau en polystyrène et suivez-en le contour avec un feutre. Dessinez également les lignes intérieures. **(Photos A/B)**

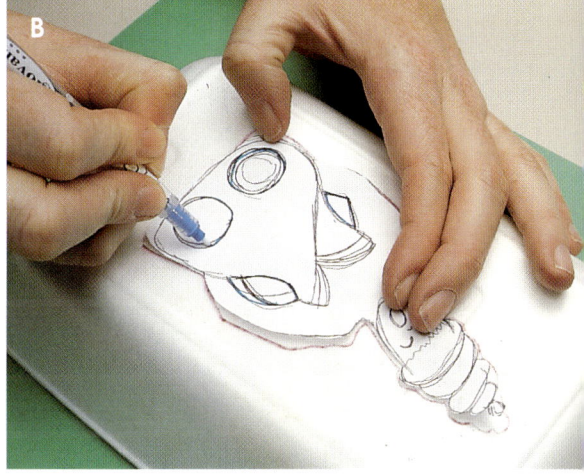

3. Avec le cutter, découpez la figure et finissez le bord avec les ciseaux. Coloriez la chanteuse avec les marqueurs. **(Photo C)**

4. Pour animer la figure, mettez vos doigts dans les deux trous et bougez-les pour imiter les jambes de la chanteuse.

LA DANSEUSE

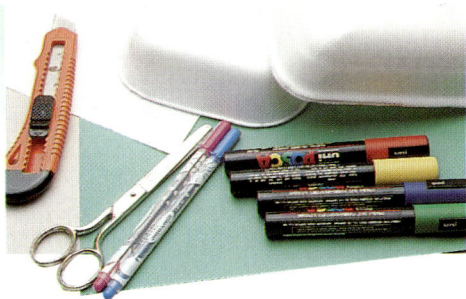

Matériel nécessaire

- une feuille de papier blanc
- des feutres de couleur
- des ciseaux
- un plateau en polystyrène léger
- un cutter
- des marqueurs

1. Tracez sur la feuille de papier deux cercles un peu plus grands que le diamètre de vos doigts (ou de ceux de la personne qui animera la figure) et dessinez autour de ces cercles la silhouette de la danseuse.

2. Découpez la silhouette et reportez-la sur le plateau en polystyrène. Insistez également sur les lignes intérieures du dessin. **(Photos A/B)**

3. Avec le cutter, découpez la figure et finissez le bord avec les ciseaux. **(Photo C)**

4. Coloriez la danseuse avec les marqueurs. **(Photo D)**

5. Pour animer la figure, mettez les doigts dans les trous et faites voltiger la danseuse.

Ces silhouettes sont faciles à construire. Vous pouvez créer toute une série de personnages que vous pourrez animer sur la scène que constituera une simple table.

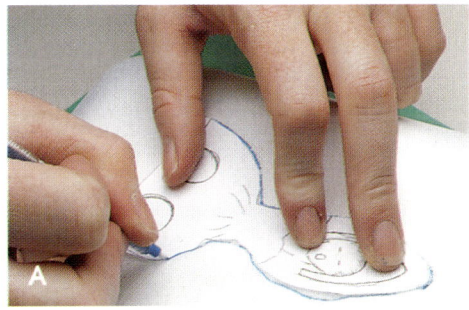

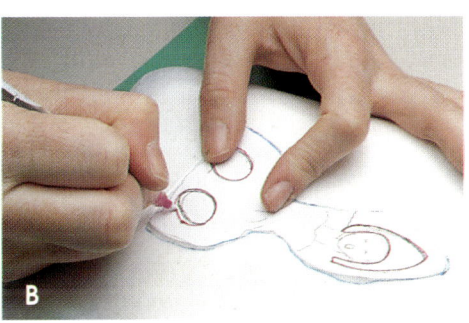

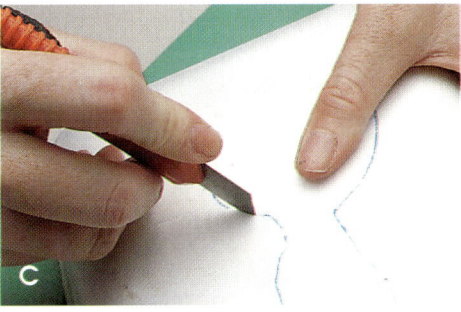

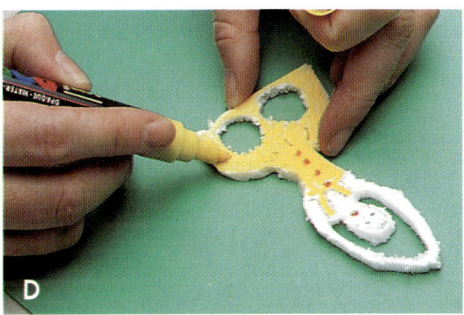

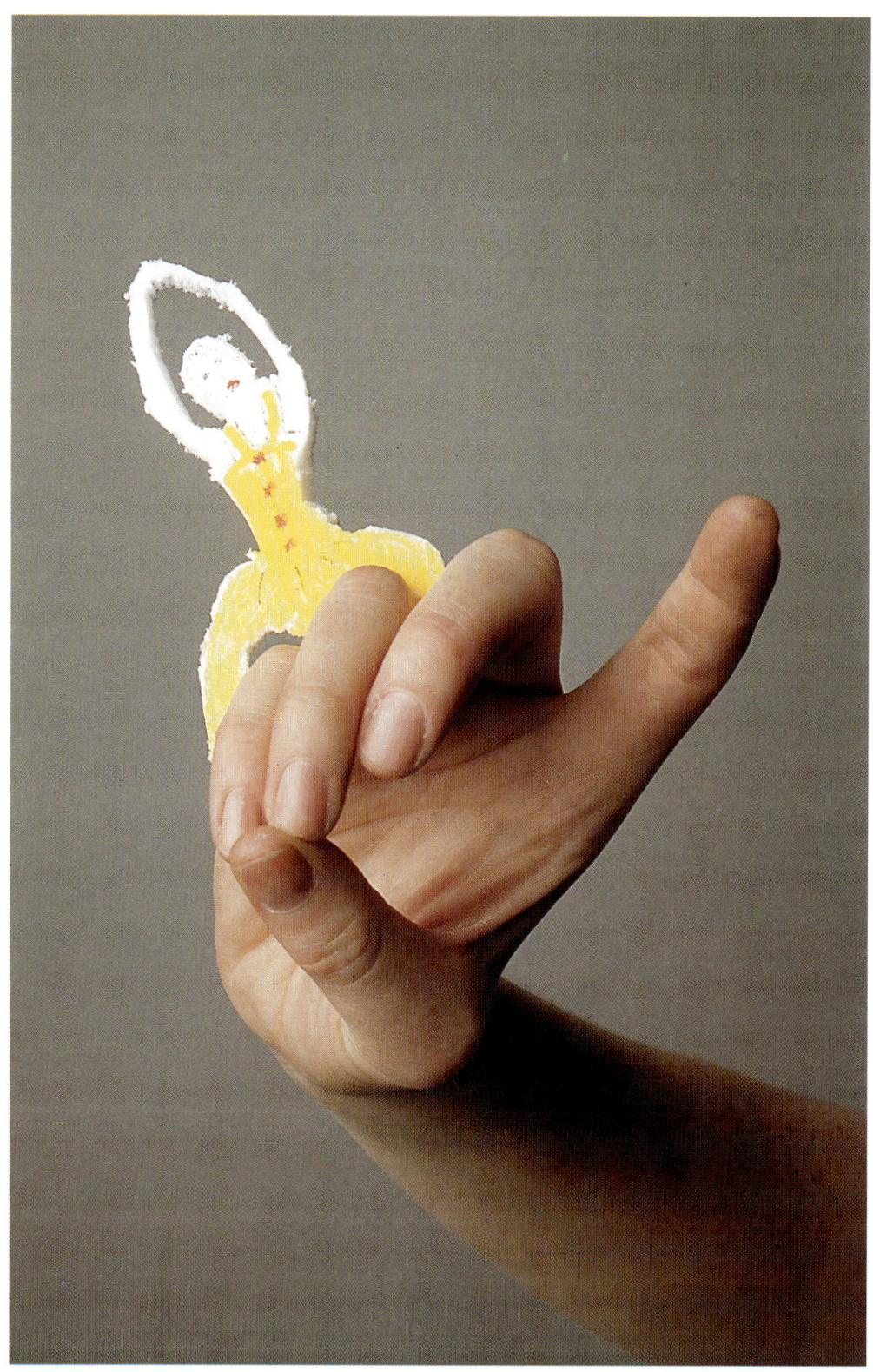

Avec du papier et du carton

*Le papier est l'un des matériaux « pauvre » le plus utilisé pour créer des marionnettes
et des pantins : avec une simple feuille de journal roulée en boule l'on obtient la structure
de la tête qui est soutenue par un bâtonnet en bois manœuvré par la main
du marionnettiste. Il suffira ensuite de colorier et de décorer le visage et d'habiller
la marionnette avec un simple vêtement. Avec du carton, on peut également créer
des personnages colorés et amusants. Celui que nous vous proposons
est une marionnette mais, avec la même technique, on peut réaliser les silhouettes
les plus diverses et les décorer à loisir.*

La vieille dame

Matériel nécessaire

- du papier journal
- du ruban adhésif
- un bâtonnet en bois
- du papier blanc
- des marqueurs
- deux tissus de couleur différente
- des ciseaux
- du ruban adhésif double face
- de la colle à prise rapide

1. Faites une boule avec une page double de journal que vous entourerez de ruban adhésif. **(Photo A)**

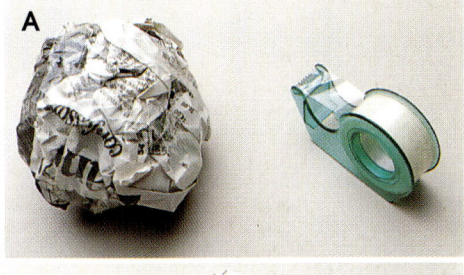

2. Recouvrez cette boule avec une demi-page de journal. Avant de la refermer, insérez le bâtonnet en bois dans la petite boule. Autour du bâtonnet, enroulez du ruban adhésif pour fixer la feuille extérieure.
(Photo B)

3. Recouvrez la feuille de journal avec une feuille de papier blanc. Pour que la partie sur laquelle vous dessinerez le visage reste bien tendue, formez des grands plis latéraux. Fixez

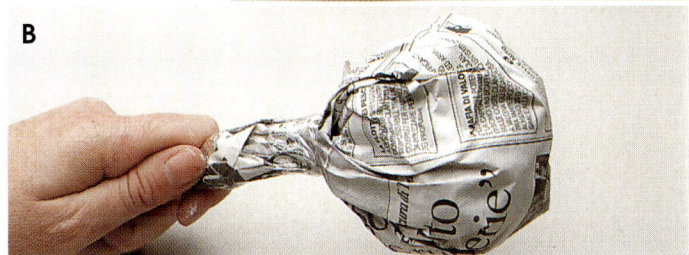

le tout à nouveau avec du ruban adhésif. **(Photo C)**

4. Dessinez le visage avec des marqueurs. **(Photo D)**

6. Fixez le foulard sur la tête avec du ruban adhésif double face appliqué sur le front, le menton et la nuque du personnage. **(Photos F/G/H/I)**

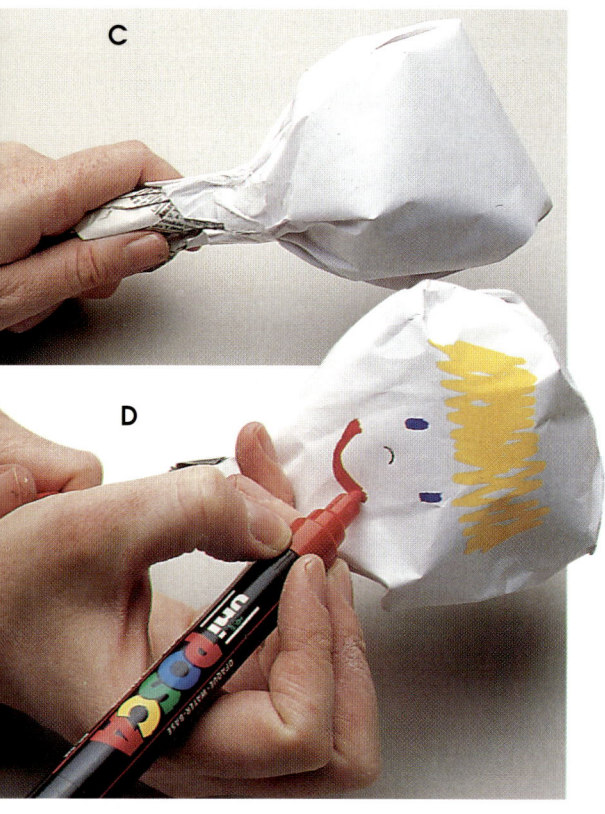

5. Dans un des morceaux de tissu, découpez un carré et pliez-le dans le sens de la diagonale : ce sera le foulard de la vieille dame. **(Photo E)**

7. Réalisez maintenant le vêtement de la vieille dame. Dans l'autre morceau de tissu imprimé, découpez un rectangle en n'oubliant pas que le vêtement doit toujours être assez large pour couvrir la main de celui qui manipulera la marionnette. Pratiquez une entaille profonde en partant de l'un des côtés les plus courts. **(Photo J)**

8. Superposez les deux bords et collez-les. **(Photo K)**

9. Fixez le vêtement sur la tête avec de la colle à prise rapide. La marionnette est alors prête.

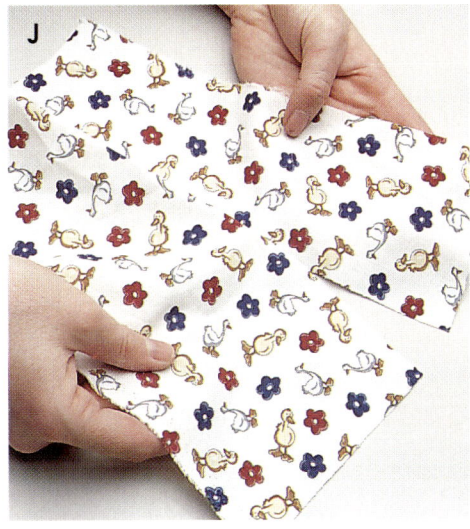

UNE VARIANTE

La réalisation de cette vieille dame peut être perfectionnée par l'introduction d'un ressort lié au bâton à la hauteur des bras et caché par la robe.
Grâce à ce stratagème, chaque mouvement de la marionnette est enrichi par l'ondoiement du ressort. On doit cette invention au célèbre marionnettiste italien B. Ravasio.

LE PANTIN

Matériel nécessaire

- du bristol de couleur
- des ciseaux
- un poinçon
- des attaches parisiennes
- du fil
- une baguette

1. Dessinez sur le bristol les silhouettes d'une tête, d'un tronc, de deux humérus, de deux avant-bras, de deux fémurs et de deux tibias avec des pieds et découpez-les.

2. Avec un poinçon, faites un trou à la base du cou et un au centre de la partie supérieure du tronc. Superposez-les et assemblez-les avec des attaches parisiennes : enfilez l'attache parisienne dans les deux trous puis ouvrez les languettes de manière à permettre les mouvements des parties jointes.

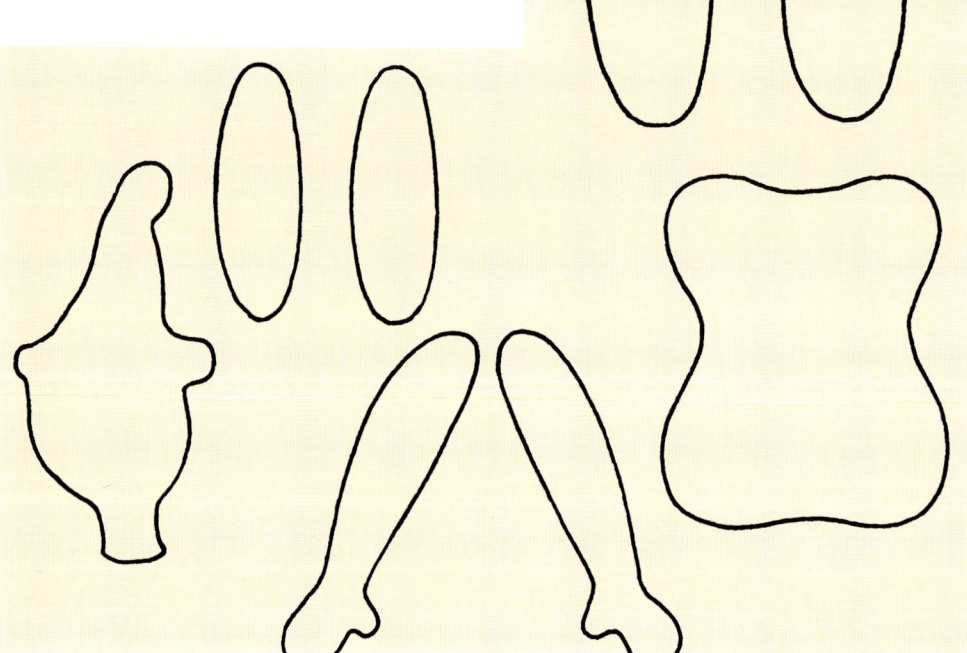

3. Faites un trou aux deux extrémités des humérus et des fémurs et à l'extrémité supérieure des avant-bras et des tibias. Faites-en autant sur le tronc, à la hauteur des épaules et des jambes.

4. Avec les attaches parisiennes, joignez aux épaules la partie supérieure des humérus et aux extrémités opposées de celles-ci fixez les avant-bras. Joignez de la même manière les extrémités supérieures des fémurs aux trous inférieurs du tronc. Joignez les trous inférieurs des fémurs et ceux des tibias. Le pantin est terminé.

5. Collez un fil à l'extrémité de la tête, un à la main gauche et un à la main droite. Liez un fil à l'attache du genou gauche et un autre à l'attache du genou droit.

6. Nouez les extrémités libres des fils à une petite baguette placée au moins à un mètre au-dessus du point le plus élevé de la marionnette. Lorsque les fils sont tendus le pantin doit rester droit.

7. Prenez la baguette de la main gauche et avec la droite exercez-vous à tirer les fils de sorte que le pantin plie les genoux et les coudes. Pour une première représentation, vous pouvez vous contenter d'expérimenter les mouvements des bras.

Avec des matériaux

L'argile et la pâte à modeler, associées au papier, sont les matériaux les plus utilisés pour la fabrication des marionnettes et des personnages animés, aussi bien à la maison qu'à l'école. En particulier la pâte à modeler est très utile car elle durcit à l'air. Elle est facile à modeler, comme son nom l'indique, et lorsqu'elle est blanche on peut la colorer de toute sorte de couleurs. La malléabilité est la qualité essentielle de ce type de matériau mais cela cache un piège : elle peut, certes, mettre en évidence les dons créatifs de celui qui la manipule mais elle peut également révéler son inexpérience ou sa maladresse. En tous les cas, ces matériaux malléables sont très ludiques et tout à fait appropriés pour stimuler les capacités manuelles des enfants et développer toutes les aptitudes qui y sont associées.

Le diable

Matériel nécessaire

- un pain moyen de pâte à modeler
- de la peinture à l'eau
- des marqueurs
- du vernis de finition transparent
- un pinceau en soie souple
- du tissu coloré (à carreaux rouge et blanc)
- des ciseaux
- une aiguille et du fil

1. Pour la tête : travaillez le tiers du pain de pâte à modeler. Faites-en une boule bien lisse, creuse à l'intérieur pour pouvoir manœuvrer facilement la tête. **(Photo A)**

2. Pour les yeux : dans deux morceaux de pâte à modeler, formez deux petits disques réguliers et plats que vous appliquerez sur la tête. **(Photo B)**

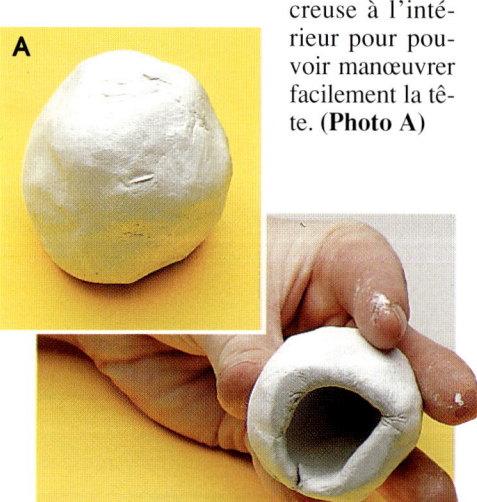

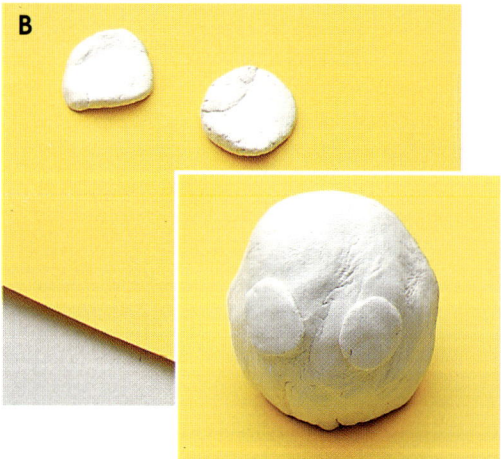

3. Pour le nez : dans un morceau de pâte, découpez un triangle rectangle assez épais pour qu'il puisse rester droit lorsqu'il est posé sur son côté le plus court. Appliquez-le ensuite sur la boule. **(Photo C)**

5. Pour les oreilles et la bouche : avec les morceaux de pâte mis de côté découpez un triangle allongé et coupez-le dans le sens de la longueur : chacune des moitiés sera une oreille. Un morceau de pâte à modeler plus ou moins rectangulaire constituera la bouche. **(Photo E)**

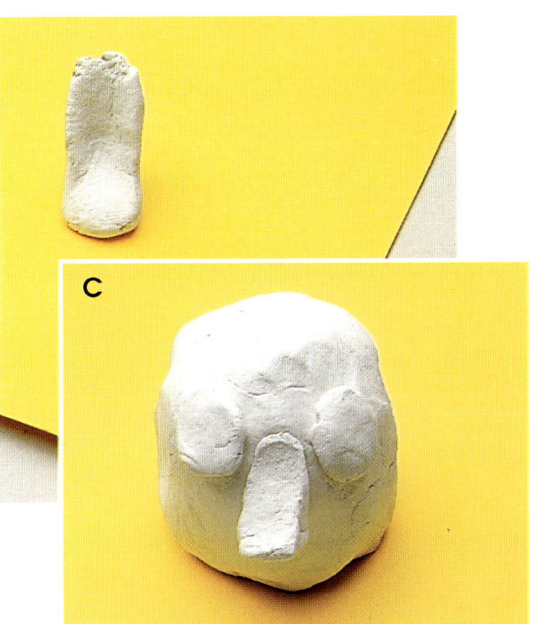

4. Pour les cornes : travaillez soigneusement un morceau de pâte que vous étalerez en une couche uniforme. Découpez deux bandes d'une largeur de 0,5 cm et d'une longueur de 6 cm environ. Mettez de côté des morceaux de pâte pour les oreilles et la bouche. Tordez délicatement les bandes à plusieurs reprises et appliquez-les juste au-dessus des yeux en les positionnant sur l'arrière de la tête. **(Photo D)**

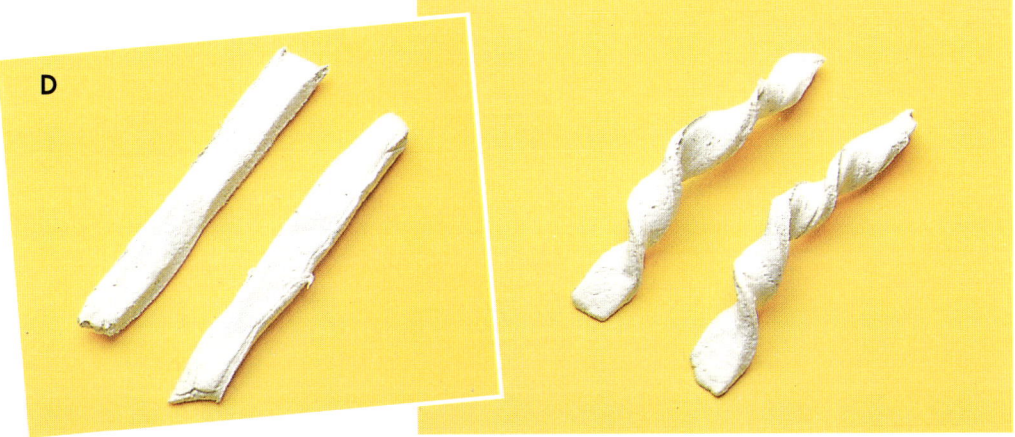

LES TRUCS DU MÉTIER

Pour appliquer les éléments du visage sur la tête, gardez la petite boule dans votre main, les deux doigts enfilés dans la cavité. De la sorte, vous exercerez la pression nécessaire pour fixer les accessoires et ne courrez pas le risque d'abîmer la forme de la tête. En outre, appliquez les différentes parties de la tête lorsque la pâte est encore humide.

G

6. Une fois la tête terminée, laissez-la sécher. **(Photo F)**

F

7. Lorsque la pâte est sèche, colorez-la avec de la peinture à l'eau et faites les finitions avec les marqueurs. Plus les couleurs seront vives et contrastées plus l'apparition de votre personnage fera impression. **(Photo G)**

8. Lorsque les couleurs sont sèches (il suffit d'une demi-heure si la base est bien sèche), passez le vernis transparent qui fixe les couleurs. N'importe quel vernis convient mais on trouve dans le commerce un produit spécial pour la pâte à modeler qui s'étale avec un pinceau en soie souple.

9. Pour réaliser le vêtement suivez les instructions données précédemment pour « la petite fille » en page 46.

COMMENT FAIRE SÉCHER LA PÂTE

Pour bien faire sécher la pâte, il faut la laisser environ deux jours à température ambiante, mais vous pouvez accélérer le processus en mettant la tête de la marionnette dans le four allumé à la température minimum, la porte ouverte.

L'ANGE

Matériel nécessaire

....

- un pain moyen de pâte à modeler
- un presse-ail
- de la peinture à l'eau
- des marqueurs
- du vernis transparent pour la finition
- du tissu
- des ciseaux
- une aiguille et du fil

1. Travaillez un tiers du pain de pâte à modeler en le malaxant énergiquement pendant quelques minutes. Lorsque la pâte est molle et malléable, faites-en une petite boule sur le fond de laquelle, avec les doigts, vous ménagerez un passage suffisant pour que l'index et le majeur de celui qui animera la marionnette puissent s'y loger (voir les figures page 72).

2. Pour réaliser les yeux, travaillez deux morceaux de pâte en forme arrondie que vous appliquerez sur la tête. De la même manière, vous créerez une bouche avec une forme arrondie légèrement allongée. **(Photo A)**

4. Pour former l'auréole, prenez un morceau de pâte dans lequel vous découperez un cylindre étroit de 7 à 8 cm de long dont vous joindrez les extrémités.

5. Pour réaliser les cheveux, mettez un morceau de pâte à modeler dans le presse-ail et recueillez les tortillons qui en sortent ; rassemblez-les en une mèche unique. **(Photo B)**

6. Lorsqu'ils sont encore humides, appliquez les yeux, la bouche, le nez, l'auréole et les cheveux sur la boule de pâte en enfilant deux doigts dans la cavité et en exerçant la pres-

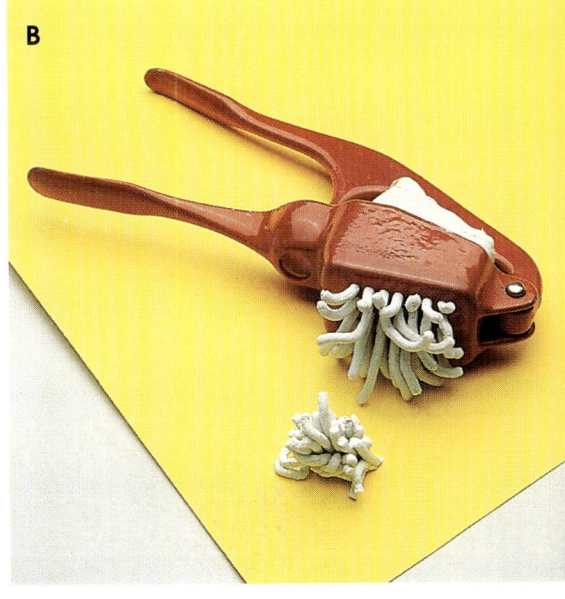

A

B

3. Pour créer le nez, appuyez la pointe d'une paire de ciseaux à bout rond au centre de la boule de pâte.

C

9. Pour la réalisation du vêtement, nous vous proposons une variante de la technique utilisée pour « La petite fille » (voir page 46). Sur le tissu plié en deux, posez trois doigts tendus et écartés (le pouce, l'index et le majeur). Avec un feutre, tracez le contour des doigts. Découpez une double silhouette et cousez les deux parties dans lesquelles vous mettrez ensuite votre main : le petit ange est prêt. **(Photos E/F/G)**

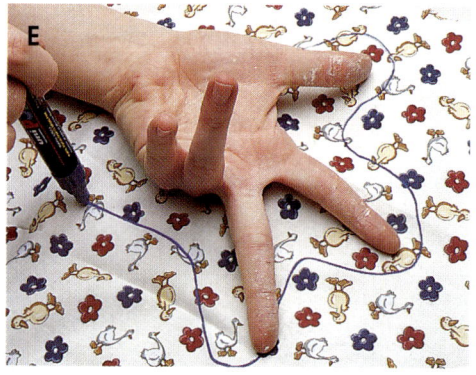

E

sion nécessaire pour qu'ils se fixent solidement. **(Photo C)**

7. Lorsque la pâte à modeler est complètement sèche (voir page 74) coloriez-la avec des couleurs pâles en utilisant de la peinture à l'eau ou des marqueurs.

8. Une fois que la peinture est sèche, passez le vernis de finition. La tête de la marionnette est alors prête. **(Photo D)**

F

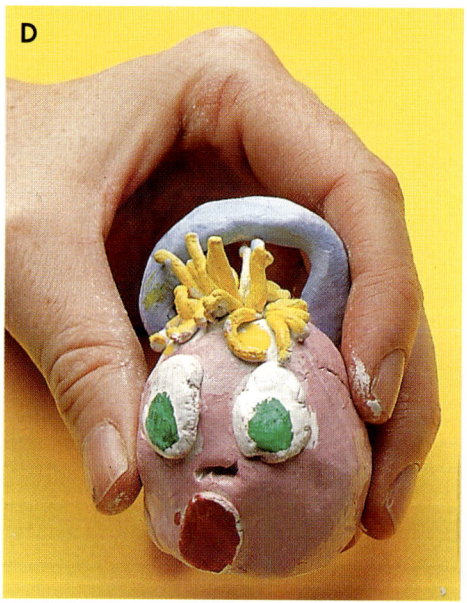

D

G

Avec des balles

On peut utiliser les balles de mille manières : dans leur état « normal », elles peuvent être déjà considérées comme des têtes prêtes à l'utilisation. Il suffit de peu de chose pour les perfectionner et les doter d'accessoires. Ce sont les objets les plus faciles et les plus rapides à préparer, donc ceux qui donnent le plus de satisfaction aux débutants et aux enfants qui, avec peu de travail, profiteront d'un jouet aux ressources infinies. Dans les projets que nous exposons, nous avons utilisé des balles de ping-pong légères, maniables et faciles à travailler et qui ont des dimensions adaptées pour les mains des plus petits et pour les représentations à la maison. Dans tous ces modèles, toutefois, les balles de ping-pong peuvent être remplacées par des balles de tennis ou des balles en plastique de dimension plus importante.

Le petit lapin

Matériel nécessaire

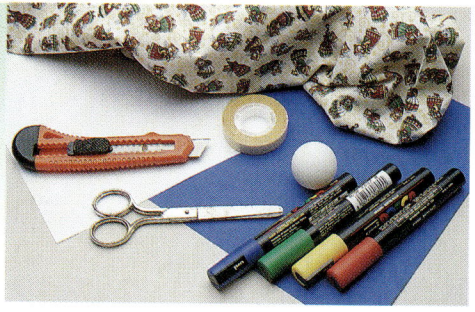

- une feuille de papier blanc
- des ciseaux
- du ruban adhésif double face (ou bien de la colle à prise rapide)
- une balle de ping-pong
- un cutter
- des marqueurs
- un gant (ou un morceau de tissu)

1. Réalisez les oreilles du lapin en découpant dans du papier blanc un ovale très allongé doté d'une base qui servira à coller le support. Préparez ce modèle en double pour obtenir les deux oreilles et pliez-en la base. **(Photo A)**

2. Avec les ciseaux, pratiquez une entaille en partant de la base des oreilles jusqu'au tiers de leur longueur. **(Photo B)**

3. Superposez les deux bords de la base de sorte que les oreilles prennent leur concavité caractéristique. **(Photo C)**

4. Avec le ruban adhésif double face ou une goutte de colle à prise rapide, fixez les oreilles à la balle de ping-pong. **(Photos D/E)**

5. Avec le cutter, pratiquez une entaille sur le fond de la balle et ménagez une ouverture suffisamment large pour que le doigt de celui qui animera l'objet puisse s'y introduire. **(Photo F)**

6. Avec les marqueurs, dessinez le museau du lapin. **(Photo G)**

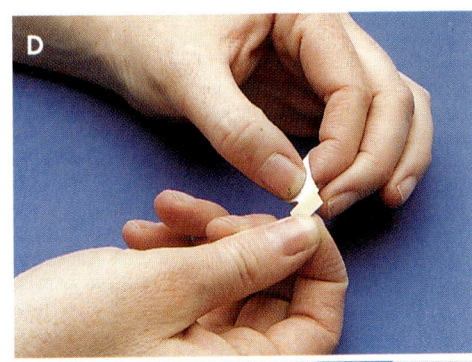

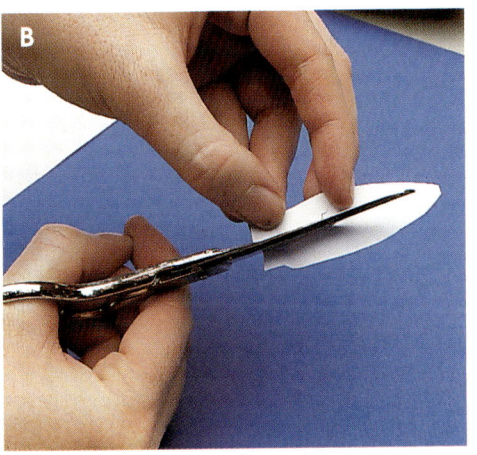

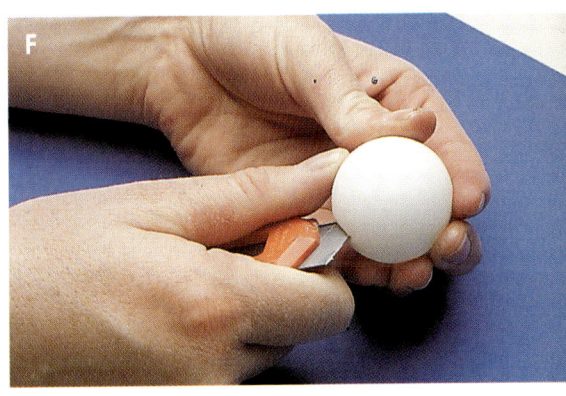

7. Enfilez le gant et mettez la tête de la marionnette sur le majeur. Les autres doigts pourront représenter les pattes de l'animal.

UNE VARIANTE

Selon la représentation que vous souhaitez donner, vous pourrez appliquer la balle sur un morceau de tissu placé sur le bout du doigt et bloqué par la balle elle-même.

80

LE CERF

5. Comme pour « Le Petit lapin » (voir page 78) vous pouvez réaliser le corps du cerf en posant un chiffon sur la main étendue et en fixant la balle directement sur le doigt.

Matériel nécessaire

- une feuille de papier
- des marqueurs
- des ciseaux
- du bristol noir
- du ruban adhésif double face
  (ou de la colle à prise rapide)
- une balle de ping-pong
- un cutter
- un gant (ou un morceau de tissu)

1. Sur le papier, dessinez le contour des cornes du cerf en prévoyant à la base une languette pliante de quelques millimètres de longueur qui servira à les coller au support.

2. Découpez le modèle, reportez-le deux fois sur le bristol noir et découpez les cornes. Appliquez un morceau de ruban adhésif double face ou une goutte de colle à prise rapide à la base des cornes et fixez-les à la balle de ping-pong.

3. Avec le cutter, faites une incision dans la balle, à sa base, et pratiquez une ouverture permettant à la personne qui animera le personnage d'y introduire un doigt. Décorez la balle en dessinant avec les marqueurs le museau du cerf.

4. Enfilez le gant et placez la balle sur le majeur, tandis que les autres doigts, tournés vers le bas, simuleront le mouvement du corps de l'animal.

LE MILLE-PATTES

Matériel nécessaire
....

- cinq balles de ping-pong
- des marqueurs
- un cutter
- une aiguille à laine
- du fil élastique très fin
- trois bâtonnets en bois

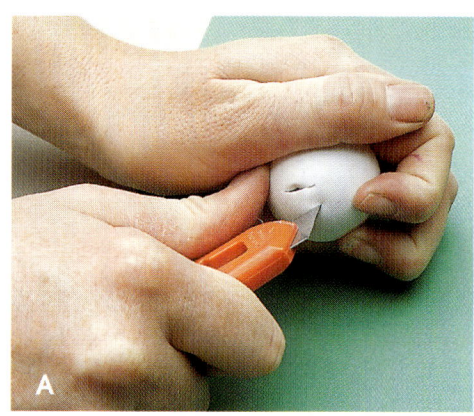

1. Décorez à votre goût quatre des cinq balles. Sur l'illustration, nous vous montrons un exemple de mille-pattes, mais vous pouvez imaginer d'autres sujets (un petit train, un serpent, etc.). La cinquième balle, placée à l'extrémité, est l'élément « fort » du personnage : le tête du mille-pattes ou bien la locomotive du train, etc.

2. Incisez l'arrière (c'est-à-dire sur la partie opposée au dessin que l'on montrera) de toutes les balles en pratiquant deux petites entailles parallèles. **(Photo A)**

3. Faites passer à travers ces fissures l'aiguille à laine dans laquelle vous aurez enfilé du fil élastique très fin. Fixez le fil aux deux extrémités avec de petits nœuds qui l'empêcheront de glisser. Grâce à cette précaution, les balles resteront ensemble et, dans le même temps, le personnage conservera une bonne capacité de mouvements. **(Photo B)**

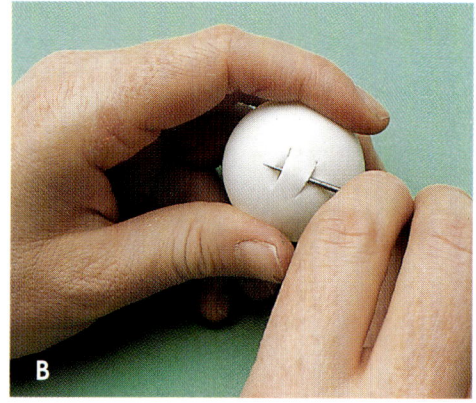

4. Pratiquez une incision à la base de la première balle, de la troisième et de la cinquième et enfilez à l'intérieur de chacune un bâtonnet. **(Photo C)**

5. Votre personnage est prêt : en bougeant avec les deux mains les supports de bois vous pourrez faire vivre votre mille-pattes comme bon vous semble.

Avec du papier mâché

Le papier mâché est un matériau très malléable et très résistant, une fois sec. La technique pour l'obtenir est assez longue mais on peut en produire de grandes quantités que l'on pourra utiliser par la suite.

LA PRÉPARATION DE BASE

Matériel nécessaire

- du papier journal
- de l'eau
- de la colle vinylique
- du plâtre

1. Déchirez le papier journal et mettez-le à macérer dans une grande quantité d'eau pendant au moins 48 heures. Égouttez l'eau du papier que vous émietterez le plus possible. Pour perfectionner cette opération, vous pouvez également mixer le papier. Si vous décidez d'adopter cette technique, faites-le vous-même et ne confiez pas cette tâche à des enfants et n'oubliez pas que les lames risquent de s'émousser au contact du papier. (**Photo A**)

2. Laissez égoutter pendant environ 1 heure la bouillie obtenue. Ajoutez ensuite la colle vinylique. Si vous ne disposez pas de ce type de colle, vous pouvez utiliser de la colle de tapissier, qu'il faudra dissoudre directement dans l'eau où le papier aura trempé. (**Photo B**)

A

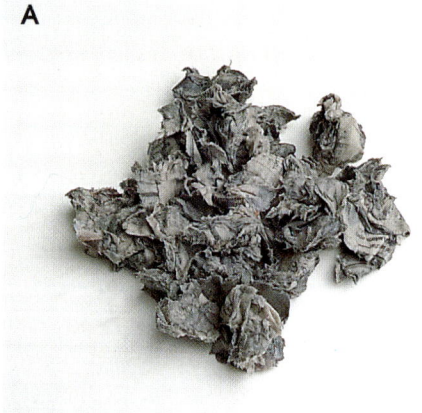

3. Saupoudrez sur le papier quelques cuillerées de plâtre et mélangez le tout avec le bout des doigts. Étant donné que le plâtre prend rapidement, plus vous en mettrez, plus la phase de séchage sera rapide. (**Photo C**)

4. Après avoir donné la forme voulue, il faudra attendre au moins 48 heures pour que le papier mâché sèche. N'oubliez pas de créer dans la pâte un espace pour les doigts qui feront bouger la tête. (**Photo D**)

5. Si vous voulez utiliser un four ou un sèche-cheveux pour accélérer le processus, soyez prudent, car des écarts thermiques brusques risquent de fendiller la surface de l'objet. Si vous êtes pressé, posez le papier mâché sur la plaque d'un four ouvert, à température moyenne ou basse. Contrôlez attentivement la cuisson et retirez la pâte ainsi obtenue avant qu'elle ne sèche et qu'elle ne prenne une couleur de brûlé caractéristique.

LE CRÂNE

Matériel nécessaire

- du papier journal
- du ruban adhésif
- des ciseaux
- du bristol
- du papier mâché
- du papier de verre à grains fins
- de la peinture à l'eau

La technique utilisée pour réaliser ce personnage permet de produire des têtes volumineuses mais très légères, avec un séchage relativement rapide.

1. Roulez en boule une feuille de papier journal et fixez-la avec quelques tours de ruban adhésif. Découpez une bande de papier bristol de la hauteur de l'index de celui qui manipulera la marionnette. Arrondissez-la de sorte qu'un de vos doigts puisse y passer et fixez-la avec du ruban adhésif. Enfilez maintenant le bristol dans la boule de papier journal. Vous avez ainsi créé le support pour la tête et l'espace pour le doigt qui la soutiendra. **(Photo A)**

2. Recouvrez maintenant la boule de papier avec une couche de papier mâché et faites-la sécher selon les indications fournies précédemment.

3. Lorsque le papier mâché est sec, passez la surface au papier de verre. **(Photo B)**

4. Colorez en blanc toute la surface puis, avec de la peinture à l'eau noire, dessinez les orbites des yeux (deux grands cercles), le nez (un triangle) et les dents (un rectangle quadrillé).

5. Confectionnez un vêtement en suivant les instructions données aux pages précédentes (voir pages 46 et 76) et enfilez le doigt dans le bristol : la marionnette est prête.

Matériel nécessaire

- du papier mâché
- du papier de verre à grains fins
- de la peinture à l'eau

1. Faites avec le papier mâché une boule pleine à la base de laquelle vous créerez une cavité de dimension appropriée pour qu'un ou deux doigts puissent y passer. Laissez sécher selon les indications données précédemment.

2. Lorsque le papier mâché est bien sec, passez du papier de verre sur la surface et à l'intérieur et nivelez la surface de manière à la rendre lisse et uniforme. Peignez la tête avec une base blanche et dessinez un visage avec la peinture à l'eau.

3. Réalisez les vêtements comme indiqué précédemment (voir pages 46 et 76) et appliquez-y la tête : le travail est terminé !

Avec du plâtre

Le plâtre se présente sous la forme d'une poudre blanche impalpable qui, mélangée à de l'eau, se transforme en une pâte plus ou moins molle et malléable, parfaite pour réaliser des marionnettes. Lorsque vous préparez le mélange, ajoutez la poudre en toute petite dose en mélangeant en permanence pour bien amalgamer l'ensemble qui devra être homogène et éviter la formation de grumeaux ou de bulles. L'avantage de ce matériau est qu'il sèche très rapidement. Toutefois, les têtes réalisées avec du plâtre sont lourdes et très fragiles : en cas de chute, elles se brisent en mille morceaux.

La dame aux lunettes et le dandy

Matériel nécessaire

- du plâtre
- de l'eau
- du papier de verre à grains fins
- de la peinture à l'eau
- de la laine
- des ciseaux
- du ruban adhésif double face

1. Mélangez le plâtre et l'eau jusqu'à ce que vous obteniez un mélange homogène et souple. Disposez la pâte autour de votre index et de votre majeur jusqu'à ce que vous ayez ébauché deux formes presque sphériques. Le plâtre prend si rapidement qu'une fois l'opération terminée vous aurez déjà la consistance nécessaire pour qu'il reste en forme. Laissez reposer les têtes qui seront complètement sèches au bout de 2 heures environ.

2. Finissez les têtes avec du papier de verre jusqu'à ce que vous obteniez une surface lisse et uniforme. Dessinez maintenant le visage du dandy sur l'une des deux têtes avec la peinture à l'eau.

3. Sur la seconde tête, dessinez le visage de la dame aux lunettes (ou de tout autre sujet à votre choix).

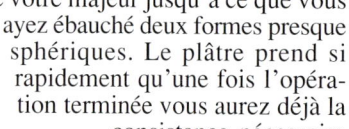

4. Créez maintenant une perruque : coupez des morceaux de 2 à 3 cm de laine dans une pelote et appliquez-les sur un côté du ruban adhésif double face que vous fixerez sur la tête. La laine neuve est lisse tandis que celle qui a déjà été tricotée donne un effet « bouclé ».

5. La dame aux lunettes est prête à sortir !

Avec les ombres

Les ombres sont faciles à réaliser mais difficiles à animer, surtout parce qu'elles nécessitent un endroit complètement obscur et une source lumineuse maniable et à hauteur d'homme.
Dans les exemples décrits ci-dessous et les pages suivantes, l'on positionne le personnage à une distance intermédiaire entre la source lumineuse et le mur sur lequel l'ombre est projetée. Or, plus la silhouette est éloignée de la source lumineuse, plus l'ombre qu'elle projette est petite. Par conséquent, vous pourrez obtenir des ombres de la même dimension, à partir de figures plus petites que vous manipulerez très près de la source lumineuse. Sachez toutefois que cela nécessite une certaine habileté car, dans ce cas, les détails devront alors être bien définis ; en outre, il n'est pas conseillé de laisser les jeunes enfants jouer à une distance trop rapprochée des sources lumineuses.

Le canard

Matériel nécessaire

- une feuille de papier blanc
- des ciseaux
- du bristol coloré
- un feutre à pointe fine
- un bâtonnet en bois
- de la colle à prise rapide (ou du ruban adhésif)

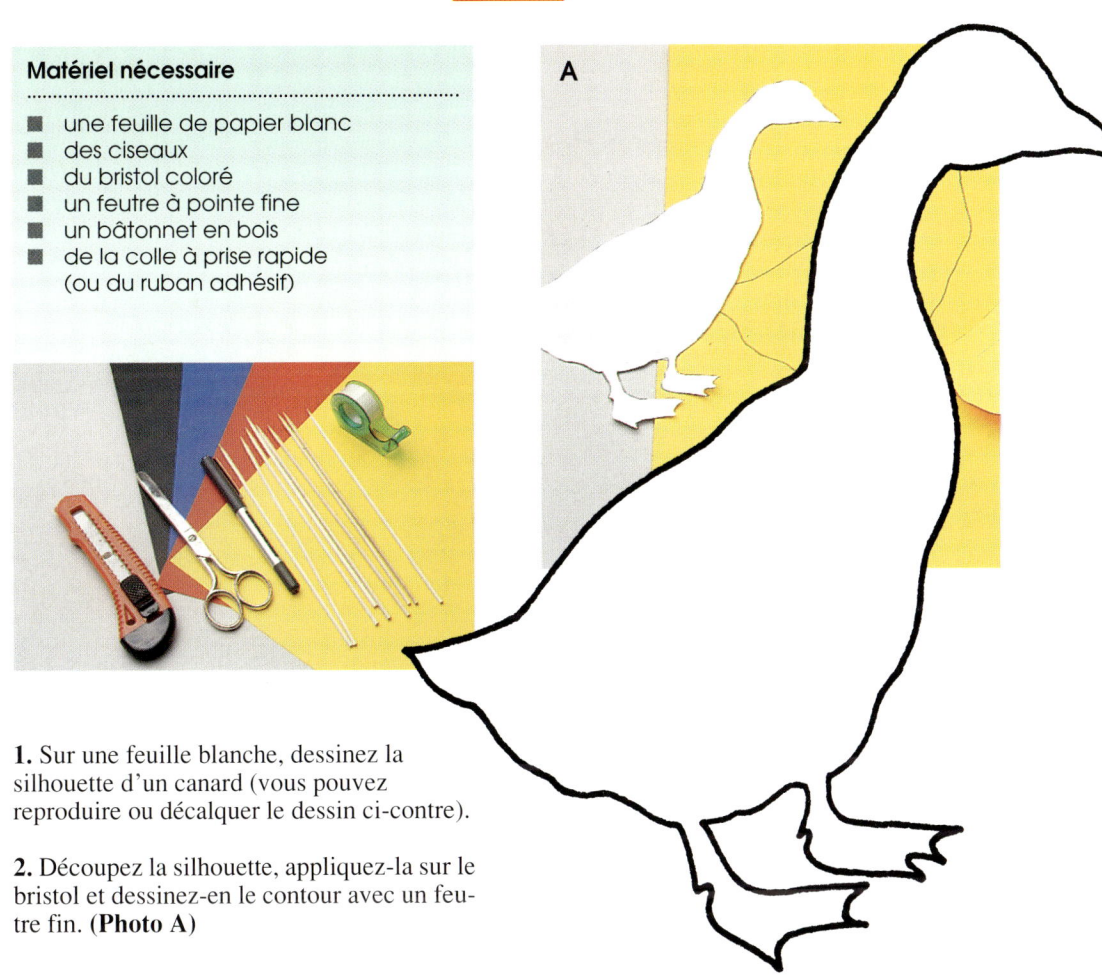

A

1. Sur une feuille blanche, dessinez la silhouette d'un canard (vous pouvez reproduire ou décalquer le dessin ci-contre).

2. Découpez la silhouette, appliquez-la sur le bristol et dessinez-en le contour avec un feutre fin. **(Photo A)**

3. Découpez la silhouette du canard dans le bristol, puis fixez-la à un bâtonnet avec quelques gouttes de colle à prise rapide ou un morceau de ruban adhésif. **(Photo B)**

4. Voici votre canard prêt à monter sur scène.

L'HIPPOCAMPE

Matériel nécessaire

- du papier blanc
- du bristol
- des ciseaux
- du ruban adhésif
  (ou de la colle à prise
  rapide)

1. Dessinez sur le papier un hippocampe (vous pouvez décalquer ou reproduire le dessin ci-contre). Découpez-le et reproduisez-le sur le bristol. **(Photo A)**

2. Découpez la silhouette et appliquez-la avec le ruban adhésif sur un bâtonnet en bois. **(Photo B)**

Un scénario

En général, les marionnettistes n'utilisent pas de texte indiquant précisément toutes les répliques. Ils préfèrent s'appuyer sur une trame et intervenir et modifier le fil de l'histoire suivant l'inspiration du moment. Toutefois, si vous vous apprêtez à organiser pour la première fois une représentation pour un public enfantin, il pourra être utile de vous fonder sur un scénario tout prêt, qui vous donnera une idée de la manière dont on peut construire un dialogue entre différents personnages, en puisant dans le répertoire des contes traditionnels.

Le Petit Chaperon rouge

Scène I

LA MAMAN :	*(Elle entre)* Chaperon rouge ! Chaperon rouge ! *(Elle se tourne vers le public)* Oui, ma fille s'appelle Valentine, mais comme elle adore porter un imperméable rouge à capuche, tout le monde l'appelle Chaperon rouge.
LE PETIT CHAPERON ROUGE :	*(Elle apparaît sur scène)* Me voilà maman ! *(Elle regarde autour d'elle et vers le public)* Oh la la ! il y a bien du monde qui nous regarde, j'espère qu'ils sont gentils…
LA MAMAN :	Ne sois pas insolente et mets bien ta capuche.
LE PETIT CHAPERON ROUGE :	*(Elle baisse la tête et la relève brutalement)* Voilà c'est fait, maintenant tout est en place, même si ça n'en a pas l'air.
LA MAMAN :	Voici les galettes au beurre que je viens de préparer. Je voudrais que tu en apportes à ta grand-mère.
LE PETIT CHAPERON ROUGE :	C'est une belle journée et je pourrais faire une promenade pour ramasser des myrtilles, des fraises et des framboises et peut-être quelques fleurs pour ma petite grand-mère. Elle est tellement gentille avec moi…
LA MAMAN :	Très bien ma petite, mais ne prends pas la route du bois ! Il vaut mieux prendre la grand-route qui vient de la ville, tu éviteras ainsi de mauvaises rencontres, on ne sait jamais !
LE PETIT CHAPERON ROUGE :	Tu crois que dans les bois je pourrais faire peur aux champignons ?
LA MAMAN :	Non mais le loup pourrait te faire peur, à toi ! *(ELLES SORTENT)*

Scène II

(DÉCORS SUR LESQUELS SONT DESSINÉS DES ARBRES, DES FLEURS ET DES PETITS ANIMAUX)

LE PETIT CHAPERON ROUGE : *(Elle rentre)* Maman me l'a interdit, mais le bois est vraiment trop joli !

LE LOUP : *(Il se tourne vers les spectateurs)* Oh mais regardez, regardez quelle jolie petite fille ! Je pense que mon ventre pourrait lui servir de cabane ! *(Il se tourne vers elle)* Où vas-tu petite, avec ce joli panier !

LE PETIT CHAPERON ROUGE : Je vais voir ma grand-mère qui habite dans cette jolie maison rose, à l'orée du bois.

LE LOUP : Mais tu n'as pas peur de faire de mauvaises rencontres ?

LE PETIT CHAPERON ROUGE : Mais quelle idée ! Qui t'a dit une chose pareille ! Tu connais donc ma maman ?

LE LOUP : Non, mais j'ai l'impression d'avoir vu le loup par ici !

LE PETIT CHAPERON ROUGE : Mais il n'y a que des trouillards ici ! Moi je n'ai pas peur ! Je vais chez ma grand-mère et ça suffit. Ôte-toi de là !

LE LOUP : *(Il se tourne vers les spectateurs)* Je vais courir en avant, pendant que le Chaperon rouge perd son temps avec les petites fleurs. Je vais me présenter à la vieille dame et je la mangerai d'une seule bouchée. *(Il sort)*

LE PETIT CHAPERON ROUGE : Oh les jolies fleurs ! Grand-mère va vraiment être contente ! *(Elle sort)*

Scène III

(LE LOUP SUR LE SEUIL D'UNE PORTE QUI POURRA ÊTRE FAITE EN CARTON ; À L'INTÉRIEUR ON VOIT LA GRAND-MÈRE DU PETIT CHAPERON ROUGE)

LE LOUP : Toc-toc.

LA GRAND-MÈRE : Qui est là ?

LE LOUP : *(Avec une voix de fausset)* Je suis le Petit Chaperon rouge, grand-mère et j'ai plein de bonnes choses pour toi.

LA GRAND-MÈRE : Il était temps ! Tire la chevillette, la bobinette cherra !

(LE LOUP SAUTE DANS LA PIÈCE ET ENLÈVE LA GRAND-MÈRE. ILS SORTENT DE SCÈNE ET ON ENTEND DES BRUITS ÉTRANGES. ON POURRAIT PAR EXEMPLE FAIRE VOLTIGER DES CONFETTIS ET DES ÉTOILES FILANTES. LE LOUP RENTRE À NOUVEAU)

LE LOUP : C'est fait. La grand-mère était très bonne, et malgré son âge, elle était très tendre. Maintenant, prenons sa place, déguisons-nous et attendons la petite fille.

(IL DISPARAÎT SOUS LA COUVERTURE DE SCÈNE, RÉAPPARAÎT PEU APRÈS AVEC UNE CHEMISE DE NUIT BLANCHE ET UN BONNET DE NUIT, PUIS SE COUCHE DEVANT L'OUVERTURE DE SCÈNE. PENDANT CE TEMPS, LE PETIT CHAPERON ROUGE ENTRE ET FRAPPE À LA PORTE)

LE LOUP : *(D'une voix de fausset)* Qui est là ?

LE PETIT CHAPERON ROUGE : C'est moi grand-mère !

LE LOUP :	Tire la chevillette, la bobinette cherra !
	(LE PETIT CHAPERON ROUGE ENTRE ET S'APPROCHE DU LOUP)
LE PETIT CHAPERON ROUGE :	Mais... Grand-mère que tu as de grands yeux...
LE LOUP :	C'est pour mieux te regarder mon enfant.
LE PETIT CHAPERON ROUGE :	Grand-mère, que tu as de grandes oreilles…
LE LOUP :	C'est pour mieux t'écouter mon enfant...
LE PETIT CHAPERON ROUGE :	Grand-mère, que tu as de grandes mains…
LE LOUP :	*(Impatient)* Mais tu poses vraiment beaucoup de questions... *(Il se reprend)* C'est pour mieux te caresser mon enfant.
LE PETIT CHAPERON ROUGE :	Grand-mère, que tu as de grandes dents…
LE LOUP :	*(Sautant sur ses pieds et parlant d'une voix caverneuse)* C'est pour mieux te manger mon enfant !
	(LE LOUP ATTRAPE LE PETIT CHAPERON ROUGE ET DISPARAÎT SOUS LA COUVERTURE. IL RÉAPPARAÎT L'AIR RASSASIÉ)
LE LOUP :	Ah ! maintenant, je crois que je vais faire une bonne sieste !
	(IL S'ALLONGE SUR LE REBORD DE LA SCÈNE ET SE MET À RONFLER VIGOUREUSEMENT. PASSE PAR LÀ UN CHASSEUR QUI VOIT LE LOUP ENDORMI, TIRE SUR LUI, L'AMÈNE SOUS LA COUVERTURE)
VOIX DU CHASSEUR DES COULISSES :	Vous voilà libres !
	(LA GRAND-MÈRE, LE PETIT CHAPERON ROUGE ET LE CHASSEUR RÉAPPARAISSENT SUR LA SCÈNE)
LA GRAND-MÈRE ET LE PETIT CHAPERON ROUGE :	Merci beaucoup gentil chasseur, nous sommes sauvées !
LE PETIT CHAPERON ROUGE :	À partir de maintenant j'écouterai toujours ce que dit ma maman (ou du moins j'essaierai, si je ne m'ennuie pas trop).
	(REMERCIEMENTS ET SALUTATIONS)

TABLE DES MATIÈRES

Achevé d'imprimer en janvier 2001
à Milan, Italie,
sur les presses de Grafiche Mazzucchelli S.p.A.

Dépôt légal : janvier 2001
Numéro d'éditeur : 6812